U0875809

制度制胜

中国国家
治理的
制度优势

张占斌
等著

Zhidu Zhisheng

中共中央党校出版社

图书在版编目（CIP）数据

制度制胜：中国国家治理的制度优势/张占斌等著．
--北京：中共中央党校出版社，2020.4（2020.12重印）
ISBN 978-7-5035-6733-9

Ⅰ.①制… Ⅱ.①张… Ⅲ.①中国特色社会主义-社会主义制度—研究 Ⅳ.①D621

中国版本图书馆 CIP 数据核字（2020）第 006485 号

制度制胜——中国国家治理的制度优势

责任编辑 任丽娜 牛琴琴
版式设计 苏彩红
责任印制 陈梦楠
责任校对 王 微
出版发行 中共中央党校出版社
地 址 北京市海淀区长春桥路 6 号
电 话 （010）68922815（总编室） （010）68922233（发行部）
传 真 （010）68922814
经 销 全国新华书店
印 刷 中煤（北京）印务有限公司
开 本 700 毫米×1000 毫米 1/16
字 数 168 千字
印 张 16.25
版 次 2020 年 4 月第 1 版 2020 年 12 月第 3 次印刷
定 价 58.00 元

网 址：www.dxcbs.net 邮 箱：zydxcbs2018@163.com
微 信 ID：中共中央党校出版社 新浪微博：@党校出版社

版权所有·侵权必究
如有印装质量问题，请与本社发行部联系调换

本书编写组

组　长：张占斌

成　员：陈江生　孙晓莉　杨伟东
蒲　实　黄　锟　舒绍福
宋雄伟　李志明　王海燕
唐爱军　王海滨　杜庆昊
施　蒙　卢瑞瑞　韩　笑

目　录
CONTENTS

代序一

中国特色社会主义制度好在哪里[1]

何毅亭

中国特色社会主义制度是具有鲜明中国特色、显著制度优势、强大自我完善能力的先进制度，为中华民族迎来从站起来、富起来到强起来的伟大飞跃提供了根本制度保证。“中国之治”的核心密码正在于“中国之制”。

中国特色社会主义制度具有独特创造性

一个国家选择什么样的国家制度，是由这个国家的历史传承、文化传统、经济社会发展水平决定的，是由这个国家的人民决定的。中国特色社会主义制度从我国悠久的政治文化传统中生长起来，从近代以后中国反抗外来侵略、争取民族独立和人民解放的斗争中生长起来，从社会主义事业的艰苦创立和艰辛探索中

① 原文发表于《人民日报》2019年12月26日。

生长起来，是中国共产党和中国人民的伟大创造，也是人类制度文明史上的伟大创造。

这个制度的创造性在于，它是马克思主义社会形态理论在中国的创造性实践，是科学社会主义学说在制度层面的具体化，是社会主义制度在中国的实现形式。社会主义从理论到实践再到多国实践乃至发展到今天的全部历程表明，社会主义制度是一般形态与特殊形态的统一体。社会主义制度一般形态的原理已经由马克思、恩格斯和列宁等经典作家作出科学回答，这个一般形态只有通过一个个具体国家的社会主义制度才能体现出来，只有呈现为具体的民族形态、时代形态、国别形态才是现实的。也就是说，社会主义制度的实现形态没有也不可能有适合各国情况的统一模式，只能是把科学社会主义基本原理同各国实际和时代特征相结合，走符合本国国情的社会主义道路，建立有本国特色的社会主义制度。邓小平同志指出："马克思列宁主义的普遍真理与本国的具体实际相结合，这句话本身就是普遍真理。"

这个制度的创造性在于，它是中国共产党领导中国人民在革命、建设、改革长期实践探索中形成的科学制度体系。我们党在革命、建设、改革历程中，依据马克思主义基本原理，从我国国情出发，凝聚人民群众的智慧和力量，持续建构科学、规范、稳定的制度体系，为国家发展提供了制度保障和制度支撑。新中国成立后，人民代表大会制度、中国共产党领导的多党合作和政治协商制度等的建立，奠定了中华民族从站起来、富起来走向强起来的制度基础。改革开放以来，通过各方面体制机制的改革创新，我国国家制度和国家治理体系不断完善。中国特色社会主义制度由一整套制度构成严密完整、系统集成的制度体系，包括党的领导制度体系、人民当家作主制度体系、中国特色社会主义法治体系、中国特色社会主义政府治理体系、社会主义基本经济制度、社会主义先进文化制度、民生保障制度、社会治理制度、生态文明制度体系、党对人民军队的绝对领导制度、“一国两制”制度体系、对外事务制度、党和国家监督体系等方面。在中国特色社会主义制度体系中，起四梁八柱作用的是根本制度、基本制度、重要制度，其中具有统领地位的是党的领导制度。我国国家治理一切工作和活动都依照中国特色社会主义制度展开，形成覆盖各方面各领域的国家治理体系和治理能力，保障国家生活和社会生活正常运转。

这个制度的创造性在于，它是中国共产党为人类探索更好社会制度所提供的中国方案。西方一些人认为，西方制度是实现现代化的唯一选择，是普世的制度模式。历史终结论者则宣称，资本主义自由民主制度是“人类意识形态进化的终点”和“人类最后一种统治形式”。新中国70年的实践向世界说明一个真理：治理一个国家、推动一个国家实现现代化，并不是只有选择西方制度模式这一条道路，各国完全可以走出自己的道路来。每个国家、每个民族都有权选择适合自己的制度，开创具有本国特色的现代化道路。中国特色社会主义制度的巨大成功，就是有力证明。“中国之治”及其展现的中国特色社会主义制度优势，向世界展示了现代化道路的多样性、人类文明的丰富性以及国家制度和国家治理体系的可选择性，为发展中国家走向现代化提供了全新选择。

中国特色社会主义制度具有巨大优越性

看一个制度好不好、优越不优越，应当从政治上、大的方面去评判和把握，主要看是否符合国情、是否有效管用、是否得到人民拥护。“鞋子合不合脚，自己穿了才知道。”世界上没有完全相同的政治制度模式，政治制度不能脱离特定的社会政治条件和历史文化传统来抽象评判，更不能生搬硬套外国政治制度模式。

中国特色社会主义制度是有多方面显著优势的国家制度。习近平同志在庆祝全国人民代表大会成立60周年大会上的重要讲话中提出了衡量政治制度“八个能否”的标准，指出：评价一个国家政治制度是不是民主的、有效的，主要看国家领导层能否依法有序更替，全体人民能否依法管理国家事务和社会事务、管理经济和文化事业，人民群众能否畅通表达利益要求，社会各方面能否有效参与国家政治生活，国家决策能否实现科学化、民主化，各方面人才能否通过公平竞争进入国家领导和管理体系，执政党能否依照宪法法律规定实现对国家事务的领导，权力运用能否得到有效制约和监督。党的十九届四中全会从13个方面凝练概括的中国特色社会主义制度的显著优势，体现了“八个能否”的衡量标准，证明中国特色社会主义制度是一个行得通、真管用、有效率的制度。中国特色社会主义制度之所以具有13个方面的显著优势，很重要的在于我们党把开拓正确道路、发展科学理论、建设有效制度有机统一起来，用中国化的马克思主义、发展着的马克思主义指导国家制度建设，及时把成功实践经验转化为制度成果，使我国国家制度既体现科学社会主义基本原则，又具有鲜明的中国特色、民族特色、时代特色；很重要的还在于这个制度从来不排斥任何有利于中国发展进步的他国国家治理经验，而是博采众长，坚持以我为主、为我所用，去其糟粕、取其精华，能够在自我完善和发展中长期保持和不断增强自己的优越性。

中国特色社会主义制度是保证人民当家作主的国家制度。我国是工人阶级领导的、以工农联盟为基础的人民民主专政的社会主义国家，国家的一切权力属于人民。中国特色社会主义制度坚持党的领导、人民当家作主、依法治国有机统一，把党的领导作为人民当家作主和依法治国的根本保证，把人民当家作主作为社会主义民主政治的本质特征，把依法治国作为党领导人民治理国家的基本方式，推动三者统一于我国社会主义民主政治伟大实践。习近平同志强调："民主不是装饰品，不是用来做摆设的，而是要用来解决人民要解决的问题的。"我国的人民当家作主制度，具体地、现实地体现在中国共产党执政和国家治理之中，具体地、现实地体现在党和国家机关各个方面、各个层级的工作之中，具体地、现实地体现在人民依法通过各种途径和形式管理国家事务、管理经济和文化事业、管理社会事务的实践之中，是服务全体人民、保障全体人民根本权益的制度，而不是为某一个特定阶级、特定集团利益服务的制度。这正是中国特色社会主义制度与资本主义制度的根本区别所在，也是中国特色社会主义制度有效运行、不断完善、巩固发展的基础所在。

中国特色社会主义制度是解放和发展社会生产力、增强社会活力的国家制度。新中国成立以来特别是改革开放以来，中国共产党带领中国人民取得的发展成就和治理成就举世瞩目。从一穷二白到经济总量稳居世界第二，从人民温饱不足到进入世界中等收入国家行列，从物资短缺到成为全球货物贸易第一大国，从封闭半封闭到参与全球治理，从世界体系边缘到日益走近世界舞台中央，中国经历如此巨变，用几十年时间走完了发达国家几百年走过的工业化历程。我国经济快速发展奇迹和社会长期稳定奇迹，从根本上说正是中国特色社会主义制度的奇迹。中国特色社会主义制度具有的强大生命力和巨大优越性，集中到一点，就是这个制度能够持续推动拥有近十四亿人口大国进步和发展、确保拥有五千多年文明史的中华民族实现“两个一百年”奋斗目标进而实现伟大复兴。

中国特色社会主义制度与时俱进，不断完善和发展

恩格斯说过：“所谓‘社会主义社会’不是一种一成不变的东西，而应当和任何其他社会制度一样，把它看成是经常变化和改革的社会。”特别是在中国这样一个经济文化落后的半殖民地

半封建的东方大国夺取全国政权、建立社会主义制度，是马克思主义发展史上的崭新课题，更要把马克思主义基本原理同中国具体实际相结合，不断探索实践，不断改革创新。实践证明，中国特色社会主义制度是在改革开放中与时俱进、不断实现自我完善和发展的制度。

中国特色社会主义制度是特色鲜明、富有效率的好制度，但还不是成熟定型、尽善尽美的制度。相比我国经济社会发展的要求和人民群众的期待，相比当今世界正经历百年未有之大变局的新形势，相比实现国家长治久安的伟大目标，我国国家制度和国家治理体系还有不少亟待改进的地方，中国特色社会主义制度达到更加成熟更加定型依然任重道远。新时代，必须适应国家现代化总进程，提高党科学执政、民主执政、依法执政水平，提高国家机构履职能力，提高人民群众依法管理国家事务、经济社会文化事务、自身事务的能力，实现党、国家、社会各项事务治理制度化、规范化、程序化，不断提高运用中国特色社会主义制度有效治理国家的能力。

党的十九届四中全会围绕在我国国家制度和国家治理体系上应该“坚持和巩固什么、完善和发展什么”这个重大政治问题，明确了各项制度必须坚持的根本点和完善发展的方向，并且作出了工作部署。这次全会既阐明了必须牢牢坚持的重大制度和原则，又部署了需要深化的重大体制机制改革、需要推进的重点工作任务，体现了守正创新的科学方法论，体现了系统集成、协同高效的制度特色，体现了强烈的问题导向，为新时代坚持和完善中国特色社会主义制度、推进国家治理体系和治理能力现代化指明了努力方向，为推动各方面制度更加成熟更加定型提供了基本遵循。

新时代坚持和完善中国特色社会主义制度、推进国家治理体系和治理能力现代化，是有方向、有立场、有原则的。习近平同志强调："我们全面深化改革，不是因为中国特色社会主义制度不好，而是要使它更好；我们说坚定制度自信，不是要固步自封，而是要不断革除体制机制弊端，让我们的制度成熟而持久。"习近平同志还指出，"推进国家治理体系和治理能力现代化，绝不是西方化、资本主义化。"中国是一个大国，在涉及国家制度这样的根本性问题上，在涉及发展方向的大是大非面前，绝不讲模棱两可的话，绝不做遮遮掩掩的事，绝不犯颠覆性错误。我们要在坚持和巩固已经建立起来并经过实践检验的根本制度、基本制度、重要制度前提下，坚持解放思想、实事求是、与时俱进、求真务实，以坚持和完善中国特色社会主义制度、推进国家治理体系和治理能力现代化为主轴，深刻把握我国发展要求和时代潮流，坚决破除一切不合时宜的思想观念和体制机制弊端，继续深化各领域各方面体制机制改革，深入把握制度建设规律，注重改革系统性、整体性、协同性，善于总结实践经验和基层创造，及时将理论创新、实践创新成果上升到制度层面，使中国特色社会主义制度优越性不断增强、充分彰显。

代序二

党的领导制度是我国的根本领导制度[①]

甄占民

党的十九届四中全会审议通过的《中共中央关于坚持和完善中国特色社会主义制度、推进国家治理体系和治理能力现代化若干重大问题的决定》（以下简称《决定》），在系统阐释我国国家制度和国家治理体系的显著优势时，把坚持党的集中统一领导、确保国家始终沿着社会主义方向前进的显著优势摆放在首位；在规划部署今后的重大任务时，首要的是强调“坚持和完善党的领导制度体系，提高党科学执政、民主执政、依法执政水平”。习近平总书记在关于《决定》的说明中明确指出，“决定稿准确把握我国国家制度和国家治理体系的演进方向和规律，突出坚持和完善党的领导制度，抓住了国家治理的关键和根本”。所有这些，都突出强调和彰显了党的领导制度是我国的根本领导制度，突出强调和彰显了这一制度在我国国家制度中的统领地位。为什么要

① 原文发表于《光明日报》2019年11月22日。

强调和彰显这一制度的特殊作用和地位？就在于，这合乎社会主义发展的一般规律，体现着中国特色社会主义制度的独特优势，更是深入贯彻落实习近平新时代中国特色社会主义思想、把制度优势转化为国家治理效能的必然要求。

党的领导制度在确保我国国家治理沿着正确方向前进中起着根本作用

习近平总书记指出："共产党人的斗争是有方向、有立场、有原则的，大方向就是坚持中国共产党领导和我国社会主义制度不动摇。"坚持党的领导制度，是沿着中国特色社会主义道路实现国家现代化和中华民族伟大复兴的根本经验总结。党的十九届四中全会围绕"坚持和巩固什么、完善和发展什么"这个重大政治问题，紧扣"坚持和完善中国特色社会主义制度、推进国家治理体系和治理能力现代化"的主题，就遵循了中国特色社会主义道路与实现国家现代化和民族复兴相统一的内在逻辑。

坚持和完善中国特色社会主义制度、推进国家治理体系和治理能力现代化，是"两句话"构成的一个整体。前一句话，规定的是根本方向，强调我们走的是中国特色社会主义道路，不是其他什么道路，而中国特色社会主义的最本质特征，就是坚持中国共产党的领导。后一句话，是在根本方向规定下的鲜明指向，即国家治理体系和治理能力现代化。社会主义的根本方向、现代化的鲜明指向，这就是新时代中国特色社会主义事业发展必须遵循的正确方向。党的十九届四中全会强调中国特色社会主义制度和国家治理体系“是具有强大生命力和巨大优越性的制度和治理体系，是能够持续推动拥有近十四亿人口大国进步和发展、确保有五千多年文明史的中华民族实现‘两个一百年’奋斗目标进而实现伟大复兴的制度和治理体系”，从根本上说，就是它同时符合社会主义的根本方向和现代化的鲜明指向。

党的领导和国际共产主义运动同根同源、同生共进。马克思、恩格斯在《共产党宣言》中深刻阐明了一个基本道理：社会化大生产必然导致生产资料转变为社会所有，为社会主义的到来奠定物质基础；同时，也必然导致无产阶级结成自己的政党组织——共产党，为社会主义的实现提供政治保证。马克思、恩格斯也告诉我们：共产党人是工人阶级政党中最坚决的、始终起推动作用的部分，他们代表着科学社会主义运动的未来，是社会主义事业不断发展的关键力量。世界社会主义演进的历史反复证明，没有共产党领导，社会主义事业就会失去必需的政治、组织和思想保障；离开社会主义事业的发展，共产党就无法践行自己的初心和使命。共产党的领导同社会主义现代化事业不可分割。

新中国成立 70 年来，从完成社会主义革命、确立社会主义基本制度，到进行改革开放新的伟大革命、开辟中国特色社会主义道路，再到进行具有许多新的历史特点的伟大斗争、中国特色社会主义步入新时代，中华民族迎来了从站起来、富起来到强起来的伟大飞跃，都是中国共产党带领人民一步一步走过来的，都是在不断坚持和完善党的领导制度体系、提高党治国理政水平中实现的。这正如《决定》所指出：中国共产党自成立以来，团结带领人民，不断探索实践，不断改革创新，建立和完善社会主义制度，形成和发展党的领导和经济、政治、文化、社会、生态文明、军事、外事等各方面制度，加强和完善国家治理，取得历史性成就。党的十八大以来，我们党领导人民统筹推进“五位一体”总体布局、协调推进“四个全面”战略布局，推动中国特色社会主义制度更加完善、国家治理体系和治理能力现代化水平明显提高。为此，《决定》也再次重申“中国共产党领导是中国特色社会主义最本质的特征，是中国特色社会主义制度的最大优势，党是最高政治领导力量”，强调“必须坚持党政军民学、东西南北中，党是领导一切的，坚决维护党中央权威，健全总揽全局、协调各方的党的领导制度体系，把党的领导落实到国家治理各领域各方面各环节”。其中贯穿的就是党的领导制度是我国根本领导制度的大逻辑，贯穿的就是沿着社会主义方向前进、开辟国家治理体系和治理能力现代化广阔空间的大逻辑。

党的领导制度在彰显我国国家制度和国家治理体系优势中起着根本作用

党的十九届四中全会审议通过的《决定》系统阐述了我国国家制度和国家治理体系 13 个方面的显著优势，实质上这 13 个方面的显著优势都同党的领导这一根本领导制度密切相关，都离不开这一根本领导制度的坚持和完善。作为马克思主义执政党，中国共产党在其性质宗旨、历史地位、功能作用等方面与其他性质的政党有着根本性区别，也为构筑我国国家制度和国家治理体系的独特优势提供了根本支撑。

其一，党的领导制度，为构筑我国国家制度和国家治理体系优势提供着根本价值引领。作为一定社会历史的产物，作为各种社会关系规范的集中体现，任何一种国家制度都必然反映国家的性质本质，必然反映统治阶级的意志意愿，而与之相伴随的国家治理体系也是如此。也就是说，任何一种国家制度和国家治理体系始终有一个为谁去确立、朝什么方向去推进的价值选择和价值取向问题，而这在国家治理中又始终是一个带有前提性和决定性意义的问题。中国共产党以“为中国人民谋幸福、为中华民族谋复兴”为己任，始终代表最广大人民根本利益。自成立以来，我们党在各个历史时期都坚持以人民为中心，坚持人民当家作主，把实现好、维护好、发展好最广大人民的根本利益作为一切工作的出发点和落脚点，并将这些原则遵循外化为各种制度，保证了最广大人民意愿、意志的具体落实。

回顾新中国成立 70 年特别是改革开放以来的发展历程，尽管我们国家许多方面的体制机制、运行方式发生了不小变化，但对坚持党的领导这一涉及立国治国根本遵循的制度是作为底线来坚守的，目的就是在我们党的领导下，有效、有序地梳理、整合我国人民群众的各种诉求，将其上升为国家意志，并通过各种制度加以规范和实施，确保我国国家制度和国家治理体系的特色和优势。党的十九届四中全会所谈到的“紧紧依靠人民推动国家发展的显著优势”“切实保障社会公平正义和人民权利的显著优势”“走共同富裕道路的显著优势”等，都同党的领导制度密切相关。

其二，党的领导制度是发挥我国国家制度和国家治理体系显著优势的不竭动力。我国国家制度和国家治理体系的显著优势历久不衰，原因就在于我们党是用马克思主义科学理论武装起来的党，是按照社会发展规律指引自己行动的党，是以人的解放和最终实现共产主义为奋斗目标的党。我们党坚持把勇于推进理论创新、实践创新、文化创新同勇于推进制度创新作为一个统一的历史进程，不断为各方面制度的发展与完善提供“源头活水”，避免了制度发展陷入停滞和僵化。

党的十一届三中全会以来，我们党团结带领人民进行改革开放新的伟大革命，破除阻碍国家和民族发展的一切思想和体制障碍，从而开辟了中国特色社会主义道路，使中国大踏步赶上了时代步伐。党的十八大以来，我们党把制度建设摆到更加突出的位置，既不失时机地深化重要领域改革，坚决破除一切妨碍科学发展的思想观念和体制机制弊端，同时着力构建系统完备、科学规范、运行有效的制度体系，使各方面制度更加成熟更加定型。尤其是党的十八届三中全会以后，经济体制改革、政治体制改革、社会体制改革、文化体制改革等重要领域和关键环节改革成效显著，主要领域基础性制度体系基本形成，为推进国家治理体系和治理能力现代化打下了坚实基础。可以说，正是在中国共产党的领导下，我国国家制度和国家治理体系得到不断创新和完善。中国能够创造经济快速发展的奇迹和社会长期稳定的奇迹，关键是党的领导和党的领导制度的巩固和发展。

其三，党的领导制度是发挥我国国家制度和国家治理体系显著优势的可靠保障。制度的优越性必须通过治理的效能表现出来，没有有效的治理能力，再好的制度也难以发挥作用。中国共产党作为最高政治领导力量，居于国家治理体系的核心地位，发挥着总揽全局、协调各方的领导核心作用。这样的制度安排，保证了社会各方面力量和资源的有效整合，保证了国家重大战略、规划和政策一以贯之的实施。中国共产党是靠民主集中制原则组织起来的政党，党中央的权威和集中统一领导、强大的组织体系和组织动员能力、党员干部的先锋模范作用等，都有力凝聚了全党全社会的智慧和力量。邓小平同志曾指出："社会主义同资本主义比较，它的优越性就在于能做到全国一盘棋，集中力量，保证重点。"一言以蔽之，党的领导制度保障了我国国家制度的具体落实，保障了国家制度体系的优越性转化为实实在在的治理效能。

党的领导制度在推进国家治理体系和治理能力现代化进程中起着根本作用

现代化是所有发展中国家追求的目标，也是一个长期的实践过程。现在，我国正处在社会深刻变革、加快推进现代化时期，处在有了充分发展、但又尚未完成现代化的"转型时期"。从许多发展中国家的经验教训看，在这个"转型时期"，由于政治主导力量的缺失、组织动员能力的不足、制度安排的不合理而出现了一系列问题，或者是社会无序、一盘散沙，或者是政党纷沓、相互倾轧，或者是民族冲突、教派纷争，从而导致现代化进程的失衡、失序以至失败。那么，应该靠什么样的制度安排才能确保应对各种挑战和风险，成功走出“转型时期”？关键是要有一个能够代表人民利益、凝聚人民意志、适应现代化要求的政党。从这个意义上看，中国共产党的领导制度，就为我国建构与现代化建设所需要的政治体系提供了保障。只有坚定党的集中统一领导，健全总揽全局、协调各方的党的领导体系，把党的领导落实到国家治理各阶段各领域各环节，把我国制度优势更好转化为国家治理效能，才能保证“两个一百年”奋斗目标、中华民族伟大复兴的中国梦的顺利实现。也正因如此，《决定》专门将“加强党对坚持和完善中国特色社会主义制度、推进国家治理体系和治理能力现代化的领导”作为一个部分加以强调并作出部署。

当然，任何一种政治制度都是动态发展的，中国共产党的领导制度也有一个与时俱进、不断完善的问题。习近平总书记指出：“坚持发挥党总揽全局、协调各方的领导核心作用，提高党科学执政、民主执政、依法执政水平，保证党领导人民有效治理国家，切实防止出现群龙无首、一盘散沙的现象。”《决定》还就坚持和完善党的领导制度体系作了进一步部署，提出建立不忘初心、牢记使命的制度，完善坚定维护党中央权威和集中统一领导的各项制度，健全党的全面领导制度，健全为人民执政、靠人民执政各项制度，健全提高党的执政能力和领导水平制度，完善全面从严治党制度 6 个方面的重要工作部署，为坚持和完善党的领导制度体系提供了更具系统性、指导性和现实针对性的遵循。随着党的领导制度体系不断发展，党的领导这一根本领导制度的作用将得以更好发挥，中国国家制度和国家治理体系的优越性将得到更好体现。

第一章

坚持党的集中统一领导制度优势

党的十九届四中全会指出，“坚持党的科学理论，保持政治稳定，确保国家始终沿着社会主义方向前进”是我国国家制度和国家治理体系的显著优势之一。中国共产党是国家最高政治领导力量。中国特色社会主义制度的最大优势是中国共产党的领导。办好中国的事情，关键在党。中国共产党自成立以来，团结带领人民，在革命、建设和改革中，坚持把马克思主义基本原理同中国具体实际相结合，赢得了中国革命胜利，建立了社会主义制度，不断加强和完善国家治理，创造了世界罕见的经济快速发展奇迹和社会长期稳定奇迹。历史和实践证明，党的领导是办好中国一切事情的关键。党的十九届四中全会明确提出，坚持和完善中国特色社会主义制度、推进国家治理体系和治理能力现代化，是全党的一项重大战略任务。完成这项重大战略任务，必须坚持和完善党的领导制度体系，不断提高党科学执政、民主执政和依法执政水平，充分发挥党的领导这个最大优势。

第一节　党是最高政治领导力量

习近平同志指出："在当今中国，没有大于中国共产党的政治力量或其他什么力量。党政军民学，东西南北中，党是领导一切的，是最高的政治领导力量"①。这个重大政治论断科学概括了中国共产党在整个国家的根本地位和无可替代的领导作用。

第一，党的最高政治领导地位，不是自封的，是由党的先进性决定的，是历史和人民的选择，是经过中国革命、建设、改革伟大实践所检验的，是由国家宪法所确立的。

党的领导地位是由中国共产党的先进性决定的。中国共产党是中国工人阶级的先锋队，是中国人民和中华民族的先锋队。中国共产党是在马克思列宁主义与中国工人运动相结合的过程中诞生的，先进性是党的本质属性。党集中了中国工人阶级和中国人民、中华民族数量众多的先进分子，集中了全国各个民族各个领域数量众多的优秀人才，建立了覆盖全国各个地方、各个领域、各个行业的科学严密的组织体系，具有强大的组织动员力和执行力。党坚持一切为了群众、一切依靠群众，从群众中来、到群众中去的工作路线，始终同人民群众保持着密切联系。中国共产党自成立以来，坚持把马克思主义基本原理同中国具体实践相结合，通过不断加强思想建设、组织建设以及密切联系群众等，持续地保持和发展党的先进性，成为领导中国革命、建设、改革的

① 《习近平关于社会主义政治建设论述摘编》，中央文献出版社 2017 年版，第 30 页。

核心力量，成就了中国共产党最高政治领导力量的地位。

党的领导地位是历史和人民的选择。1840 年鸦片战争以后，中华民族陷入内忧外患、苦难深重的悲惨境地。无数仁人志士为了挽救国家危亡、实现民族独立，设计过各种政治主张，成立过多种政党，提出过各式救国方案，然而都不能从根本上解决中国的前途命运问题。在各种主张、各条道路的反复权衡中，在各派政治力量的反复较量中，在中国人民反抗外来侵略和封建统治的反复斗争中，中国人民最终选择了中国共产党，并在党的领导下最终选择了社会主义。历史和实践证明，正是有中国共产党领导，中国才实现了民族独立、人民解放。正是有中国共产党领导，坚持走社会主义道路，中国才能创造世所罕见的经济快速发展奇迹和社会长期稳定奇迹。中国共产党兴则国家兴，中国共产党强则国家强，这是历史的结论。中国共产党成为最高政治领导力量，不是外力扶持的，不是上天恩赐的，更不是自封的，是由自己的历史作用赢得的，是历史的选择、人民的选择。

第二，党的最高政治领导地位，不是抽象的而是具体的，主要体现在把握政治方向、统领政治体系、决断重大事项、领导社会治理等方面。

党是中国政治方向的掌舵者。方向决定道路，道路决定命运，政治方向是党和国家发展的首要问题。中国共产党成立以来给全国各族人民指引的政治方向，总起来说就是在马克思主义指导下，经过新民主主义社会进入社会主义社会，最终实现共产主义。在新时代，中国共产党引领的政治方向，就是坚持和发展中国特色社会主义、向“两个一百年”奋斗目标迈进。这样的政治方向已被实践证明是引领中华民族实现伟大复兴和繁荣昌盛的正确方向，必须准确把握、牢牢坚守。这是中国共产党作为最高政治领导力量的第一要务。

党是国家政治体系的统领者。国家政治体系是一个大系统，其构成包括根本政治制度、基本政治制度和国家治理各方面具体的体制机制，涵盖国家机关、政党组织和各种政治主体。在这个大系统中，中国共产党处于统领地位。用习近平总书记的话说，就像“众星捧月”，这个“月”就是中国共产党。党在国家政治体系中发挥统领作用，能够有效防止群龙无首、一盘散沙、相互掣肘、内耗低效的现象，做到“全国一盘棋”“集中力量办大事”。

党是重大决策的决断者。这是党作为最高政治领导力量的重要职责，也是党政治领导水平的集中体现。离开决策权，所谓领导就是一句空话。中国共产党作为最高政治领导力量的决策，主要是关系党和国家方向性、全局性、战略性、根本性问题的决策，关系政治道路、政治原则、政治抉择、大政方针和重大战略、重大研判、重大人事问题的决策。中国共产党通过科学民主的办法进行决策。

党是社会治理的领导者。经过长期实践和发展，我国基本形成了党委领导、政府负责、社会协同、公众参与、法治保障的社会治理体制。实践证明这个治理体制是适应中国国情的好体制，好就好在有一个居于领导地位的中国共产党，代表最广大人民的利益，不局限于局部和眼前利益，既能平衡各种力量，又能主导各种力量，既避免“政府失灵”，又纠正“市场失灵”。改革开放40多年来，中国是世界上社会转型最为深刻的国家之一，面临世所罕见的国内外矛盾与风险，中国社会始终保持了总体稳定，这离不开中国共产党强大的组织力和卓越的治理能力。

第二节　党的领导是中国特色社会主义制度的最大优势

中国特色社会主义制度是由根本制度、基本制度和重要制度构成的科学制度体系，是中国共产党带领人民经过长期奋斗积累和创造的成果，适合中国国情，顺应时代潮流，具有多方面的显著优势。其中，党的领导是中国特色社会主义制度的最大优势，决定着各方面制度的特征和优势。

第一，党的领导有利于调动人民的积极性和创造性。党带领人民建立中国特色社会主义民主政治制度，发展社会主义民主，就是要体现人民意志、保障人民权益、激发人民创造活力，用制度体系保证人民当家作主，实现党的领导、人民当家作主和依法治国的有机统一。其中，党的领导是人民当家作主和依法治国的根本保证，人民当家作主是社会主义民主政治的本质特征，依法治国是党领导人民治理国家的基本方略。三者的有机统一，能够有效发挥紧紧依靠人民推动国家发展和切实保障社会公平正义和人民权利的显著优势。实践证明，中国特色社会主义民主是最广泛、最真实、最管用的民主，是人民当家作主的制度安排，体现了党的群众路线的丰富内涵，能够最大限度凝聚最广大人民智慧和力量，形成治国理政的强大合力。

第二，党的领导有利于维护安定团结的政治局面。邓小平曾经指出："在中国这样的大国，要把几亿人口的思想和力量统一起来建设社会主义，没有一个由具有高度觉悟性、纪律性和自我牺牲精神的党员组成的能够真正代表和团结人民群众的党，没有这样一个党的统一领导，是不可能设想的，那就只会四分五裂，一事无成。"① 新中国成立70年特别是改革开放后，尽管面临这样那样的挑战、风险、阻力、矛盾，但中国社会总体稳定，安定团结的政治局面始终保持，这背后的重要原因，就是党的领导保证了各方面重大关系的有效调节。比如在政党关系上，坚持中国共产党领导的多党合作和政治协商制度，既保证了广泛的政治参与、充分反映社情民意和各阶层的利益诉求，又保证了政治生活的团结和谐和各方面力量的有效汇聚，避免了西方多党制下相互倾轧的党争弊端。比如在民族关系上，创建并坚持完善民族区域自治制度，坚持各民族一律平等，不断铸牢中华民族共同体意识，实现各民族共同团结奋斗、共同繁荣发展。比如在党和军队关系上，坚持党指挥枪，确保人民军队绝对忠诚于党和人民，以党的旗帜为旗帜、以党的方向为方向、以党的意志为意志，有力地保障了国家的主权、安全和发展利益。凡此等等，都从根本上维护了国家安定、民族团结、社会和谐稳定、人民安居乐业的政

① 《邓小平文选》第2卷，人民出版社1994年版，第341—342页。

治局面。

第三，党的领导有利于集中力量办大事。我国社会主义制度决定了全民族、全社会、全体中国人民在根本利益上的高度一致，集中力量办大事是我们成就事业的重要法宝。邓小平指出："社会主义同资本主义比较，它的优越性就在于能做到全国一盘棋，集中力量，保证重点。"[①] 习近平同志指出："我们最大的优势是我国社会主义制度能够集中力量办大事。这是我们成就事业的重要法宝。"[②] 新中国成立以来，我们聚焦全局性、战略性、长远性目标任务，在巩固人民政权和维护国家安全、重大科技攻关、区域协调发展、军民融合发展、重大工程建设、竞技体育、脱贫攻坚、抢险救灾、生态环境保护、"一带一路"建设、对外援助、防范化解重大风险等方面，办成一件又一件大事，取得一个又一个重大成就。实践证明，在党中央的坚强领导下，全党全军全国各族人民能够围绕共同的目标，集中各方面力量，调动各方面资源，全国一盘棋、上下一条心，高效有力地办成一件件大事。

第四，党的领导有利于维护国家的根本利益和长远利益。既脚踏实地办好当前的事情，又从战略上谋划长远发展，是中国共产党一以贯之的领导方法，是党执政兴国的重要经验。这有利于保持国家大政方针的稳定性、连续性，使当前利益同长远利益相结合、局部利益同整体利益相一致。这在那些实行多党制的国家

① 《邓小平文选》第 3 卷，人民出版社 1993 年版，第 16—17 页。

② 习近平：《为建设世界科技强国而奋斗——在全国科技创新大会、两院院士大会、中国科协第九次全国代表大会上的讲话》，人民出版社 2016 年版，第 14 页。

是根本做不到的。中华民族复兴之路之所以走得快、走得稳，改革开放事业之所以取得巨大成功，同中国共产党人一代接着一代干、一张蓝图绘到底是分不开的。新中国成立以来，五年规划、十年中长期规划从未中断。围绕实现社会主义现代化，1963 年毛泽东提出“两步走”战略考虑；改革开放之初，邓小平提出“三步走”战略设想；1997 年，江泽民同志在党的十五大提出新“三步走”战略目标，并第一次提出“两个一百年”奋斗目标；2007 年，胡锦涛同志在党的十七大进一步完善了“两个一百年”奋斗目标；2017 年，习近平同志在党的十九大提出全面建成小康社会后的“两步走”战略安排。这些重大战略，都是着眼于国家长远发展的顶层设计和实践部署，体现了中国共产党既一脉相承又与时俱进的执政品格。

第五，党的领导有利于实现全体人民共同富裕。人民群众是我们党的力量源泉，人民立场是我们党的根本政治立场。实现全体人民共同富裕，是中国共产党最根本的价值理念，也是中国共产党人的奋斗目标。新中国成立以来，我们党牢记为中国人民谋幸福、为中华民族谋复兴的初心和使命，践行全心全意为人民服务的根本宗旨，坚持发展为了人民、发展依靠人民、发展成果由人民共享。特别是党的十八大以来，以习近平同志为核心的党中央坚持以人民为中心的发展思想，在保障和改善民生、朝着共同富裕目标持续迈进方面取得重大历史性成就。2018 年，全国居民人均可支配收入从 1949 年的不到 50 元增至 28228 元，人均预期寿命由新中国成立初期的 35 岁提高到 77 岁，基本养老保险覆盖 9.5 亿人，基本医疗保险覆盖 13.5 亿人。特别值得自豪的是，我国现行标准下农村贫困人口由 1978 年的 7.7 亿人减少至 2018 年的 1660 万人，农村贫困发生率由 1978 年的 97.5%下降至 2018 年的 1.7%，对全球减贫贡献率超过 70%。

第三节　坚持和完善党的领导制度体系

中国共产党领导是中国特色社会主义最本质的特征，是中国特色社会主义制度的最大优势。充分发挥党的领导最大优势，必须坚决维护党中央权威，健全总揽全局、协调各方的党的领导制度体系，把党的领导落实到国家治理各领域各方面各环节。

第一，建立不忘初心、牢记使命的制度。政治上的坚定、党性上的坚强源于理论上的清醒。不忘初心、牢记使命既有赖真挚的感情、真诚的信仰，更要靠理性的自觉、真理的认知，靠马克思主义特别是中国化马克思主义科学理论的支撑。习近平新时代中国特色社会主义思想是当代中国马克思主义、21 世纪马克思主义，是指引全党践行初心使命的强大思想武器。要坚持和完善党委（党组）理论学习中心组等各层级学习制度，用习近平新时代中国特色社会主义思想武装全党、教育人民、指导工作，确保全党遵守党章，恪守党的性质和宗旨，牢牢夯实不忘初心、牢记使命的思想基础。要把不忘初心、牢记使命作为加强党的建设的永恒课题和全体党员、干部的终身课题，用初心使命锤炼忠诚干净担当的政治品格。大力推进理论创新、实践创新、制度创新，确保党的全部工作始终顺应时代潮流，体现人民愿望，确保党的一切工作都要围绕初心使命来展开、推进。

第二，完善坚定维护党中央权威和集中统一领导的各项制度。推动全党增强“四个意识”、坚定“四个自信”、做到“两个维护”，自觉在思想上政治上行动上同以习近平同志为核心的党中央保持高度一致，坚决把维护习近平总书记党中央的核心、全党的核心地位落到实处。“两个维护”是党的十八大以来我们党的重大政治成果和宝贵经验，是全党在革命性锻造中形成的共同意志，是最重要的政治纪律和政治规矩。做到“两个维护”，要有鲜明的态度，更要有扎实的行动。健全党中央对重大工作的领导体制，强化党中央决策议事协调机构职能作用，完善推动党中央重大决策落实机制，严格执行向党中央请示报告制度，确保令行禁止。党的十九大后，党中央在深化党和国家机构改革中，着力从制度安排上发挥党的领导这个最大的体制优势，适当归并党中央决策议事协调机构，统一各委员会名称，进一步完善了党中央对重大工作的领导体制。下一步，要落实和完善这些制度，形成统一高效的领导体制，确保党中央对重大工作的领导。要优化完善推动党中央重大决策落实机制，制定责任清单，化解部门分歧，消除条块梗阻，力戒形式主义、官僚主义。要建立定期就习近平总书记重要指示批示和党中央决策部署贯彻落实情况“回头看”和报告、通报制度，切实解决贯彻落实中的困难和问题。健全维护党的集中统一的组织制度。党的力量来自组织，形成党的中央组织、地方组织、基层组织上下贯通、执行有力的严密体系，实现党的组织和党的工作全覆盖。

第三，健全党的全面领导制度。完善党领导人大、政府、政协、监察机关、审判机关、检察机关、武装力量、人民团体、企事业单位、基层群众自治组织、社会组织等制度，健全各级党委（党组）工作制度，确保各级各方面在党的统一领导下，各就其位、各司其职、各尽其责、有序协同，保证中央和地方各级政令统一、运行顺畅、执行高效、充满活力。完善党领导各项事业的具体制度，健全党领导经济社会各方面重要工作的制度规定，确保党管干部、党管人才、党管意识形态、党对经济工作的领导、党对政法工作的领导、党管农村工作、党管办学方向等落到实处。完善党和国家机构职能体系，构建系统完备、科学规范、运行高效的党和国家机构职能体系。更好发挥党的职能部门作用，优化党的组织、宣传、统战、政法、机关党建、教育培训等部门职责配置，优化设置各类党委办事机构，优化规范设置党的派出机关，加强对相关领域、行业、系统工作的领导。加强党政机构职能统筹，进一步理顺党政机构职责关系，保证党实施集中统一领导，保证其他机构协同联动、高效运行。

第四，健全为人民执政、靠人民执政的各项制度。为人民执政、靠人民执政制度内容丰富，涉及各个领域、各个方面，最重要的是把尊重民意、汇集民智、凝聚民力、改善民生贯穿党治国理政全部工作之中，体现在党治国理政的各个环节之中，巩固党执政的阶级基础，厚植党执政的群众基础，通过完善制度保证人民在国家治理中的主体地位，着力防范脱离群众的危险。完善党员、干部联系群众制度。联系群众制度是为人民执政、靠人民执政制度的重要内容之一。只有首先保持党同人民群众的密切联系，然后才能贯彻党的群众路线，实现一切为了群众，一切依靠群众，从群众中来，到群众中去，把党的正确主张变为群众的自觉行动。创新互联网时代群众工作机制，应对好社会高度联通带来的机遇和挑战。健全联系广泛、服务群众的群团工作体系，坚持党对群团工作的统一领导，推动人民团体增强政治性、先进性、群众性，确保各群团发挥好桥梁和纽带作用，把各自联系的群众紧紧团结在党的周围。

第五，健全提高党的执政能力和领导水平制度。坚持民主集中制，完善发展党内民主和实行正确集中的相关制度。全面贯彻党的组织制度、领导制度、决策制度，严格落实党的代表大会制度、党内选举制度、维护党员民主权利制度、党内生活和党内监督制度，真正把民主集中制的优势变成我们党的政治优势、组织优势、制度优势、工作优势。要围绕提高党内民主质量、健全党内政治生活目标要求，完善发展党内民主各项制度。实行正确的集中，牢固树立“四个意识”，坚决“两个维护”，保证全党的团结统一和行动一致，保证党的决定得到迅速有效的贯彻执行。健全决策机制，增强各级党组织的公信力和决策执行力。改进党的领导方式和执政方式，不断提高党科学执政、民主执政、依法执政水平。完善担当作为的激励机制，促进各级领导干部增强本领。

第六，完善全面从严治党制度。坚持党要管党、全面从严治党，增强忧患意识，不断推进党的自我革命，永葆党的先进性和纯洁性。贯彻新时代党的建设总要求，深化党的建设制度改革，坚持依规治党，建立健全以党的政治建设为统领，全面推进党的各方面建设的体制机制。坚持新时代党的组织路线，健全党管干部、选贤任能制度。规范党内政治生活，严明政治纪律和政治规矩，发展积极健康的党内政治文化，全面净化党内政治生态。完善和落实全面从严治党责任制度。坚决同一切影响党的先进性、弱化党的纯洁性的问题作斗争，大力纠治形式主义、官僚主义，不断增强党的创造力、凝聚力、战斗力，确保党始终成为中国特色社会主义事业的坚强领导核心。

第四节 加强党对坚持和完善中国特色社会主义制度、推进国家治理体系和治理能力现代化的领导

坚持和完善中国特色社会主义制度、推进国家治理体系和治理能力现代化，必须在党中央统一领导下进行，科学谋划、精心组织，远近结合、整体推进，充分发挥党的领导的最大优势。

第一，加强党的领导，确保坚持和完善中国特色社会主义制度、推进国家治理体系和治理能力现代化各项目标任务全面落实到位。党是最高政治领导力量，坚持党对一切工作的领导，是党和国家的根本所在、命脉所在，是全国各族人民的利益所在、幸福所在。在坚持党的领导这个重大原则问题上，我们要始终保持

高度的思想自觉、政治自觉、行动自觉，任何时候任何情况下都不能含糊、不能动摇。坚持和完善中国特色社会主义制度、推进国家治理体系和治理能力现代化，必须在党中央统一领导下进行。坚持和完善中国特色社会主义制度、推进国家治理体系和治理能力现代化，必须牢牢把握中国共产党领导这一中国特色社会主义制度的最大优势。我们要在党中央统一领导下，推进全面深化改革，使各方面制度更加完善，实现党、国家、社会各项事务治理制度化、规范化、程序化，构建系统完备、科学规范、运行有效的制度体系，使中国特色社会主义制度更加巩固、优越性充分展现。加强党对坚持和完善中国特色社会主义制度、推进国家治理体系和治理能力现代化的领导，最根本的是坚决做到“两个维护”。我们党已经拥有 9000 多万名党员、460 多万个基层党组织，在近 14 亿人口的大国长期执政。要保证党的团结和集中统一，坚持党中央权威和集中统一领导，必须有一个坚强的领导核心。否则，大家各自为政、各行其是，党就会变成一盘散沙，什么事情都干不成。各级党组织和广大党员干部要从事关党和国家前途命运的战略高度出发，坚决维护习近平总书记党中央的核心、全党的核心地位，坚决维护党中央权威和集中统一领导，自觉在思想上政治上行动上同以习近平同志为核心的党中央保持高度一致，按照党中央的统一部署，不折不扣、坚定有力地完成好坚持和完善中国特色社会主义制度、推进国家治理体系和治理能力现代化各项目标任务。

第二，要着力提高制度执行力，把我国制度优势更好转化为国家治理效能。坚持和完善中国特色社会主义制度、推进国家治理体系和治理能力现代化，不仅要建立完善的制度体系，还要在不断提高制度执行力上狠下功夫。要切实强化制度意识，深刻认识提高制度执行力的必要性和重要性。制度一经制定，就要严格执行。再好的制度，如果不抓落实，只是写在纸上、贴在墙上、锁在抽屉里，就会形同虚设，其效果也会大打折扣。各级党委和政府以及领导干部要切实增强按制度办事、依法办事意识，自觉维护制度的刚性约束力，坚决防止制度成为“稻草人”“橡皮筋”。广大党员、干部要做制度执行的表率，引领全社会增强制度意识，自觉维护制度权威。坚持制度面前人人平等、执行制度没有例外，不留“暗门”、不开“天窗”，防止“破窗效应”。要增强斗争精神，坚持原则、敢抓敢管，坚决同一切违反制度的现象作斗争，带动全党全社会自觉尊崇制度、严格执行制度、坚决维护制度。要加强对制度执行的监督，坚决杜绝做选择、搞变通、打折扣的现象。加强对制度执行的监督，把监督检查、目标考核、责任追究有机结合起来，坚持有责必问、问责必严。坚决纠正有令不行、有禁不止现象，对把制度当摆设、破坏制度、违法违规违纪的，都要严肃查处，确保各项制度落地生根。

第三，要加强制度自信宣传教育，引导全党全社会充分认识中国特色社会主义制度的本质特征和优越性。从社会主义制度基本确立，到改革开放以来中国特色社会主义制度不断完善和发展，我国国家制度优势不断彰显、不断增强。特别是党的十八大以来，我们党领导人民统筹推进“五位一体”总体布局、协调推进“四个全面”战略布局，推动中国特色社会主义制度更加完善、国家治理体系和治理能力现代化水平明显提高，为政治稳定、经济发展、文化繁荣、民族团结、社会安宁、国家统一提供了有力保障。我们要加强制度自信宣传教育，讲好中国制度故事，引导人们充分认识我们已经走出了建设中国特色社会主义制度的成功之路，只要我们沿着这条道路继续前进，在实践中不断探索总结，就一定能够实现国家治理体系和治理能力现代化。中国特色社会主义制度和国家治理体系不是从天上掉下来的，而是在改革开放 40 多年的伟大实践中得来的，是在新中国成立 70 年的持续探索中得来的，是在我们党领导人民进行伟大社会革命近百年的实践中得来的，是在近代以来中华民族由衰到盛 170 多年的历史进程中得来的，是在对中华文明 5000 多年的传承发展中得来的，是我们党团结带领人民历经千辛万苦、付出各种代价取得的宝贵成果，因此必须倍加珍惜。完善和发展我国国家制度和国家治理体系，必须坚持从国情出发、从实际出发，坚定不移走中国特色社会主义道路。完善和发展我国国家制度和国家治理体系，要在坚持好、巩固好已经建立起来并经过实践检验的根本制度、基本制度、重要制度的前提下，不断推进制度创新，抓紧制定国家治理体系和治理能力现代化急需的制度、满足人民对美好生活新期待必备的制度。既把握长期形成的历史传承，又把握党和人民在我国国家制度建设和国家治理方面走过的道路、积累的经验、形成的原则，不能照抄照搬他国制度模式，既不走封闭僵化的老路，也不走改旗易帜的邪路。

第四，要建设高素质专业化干部队伍，为坚持和完善中国特色社会主义制度、推进国家治理体系和治理能力现代化提供干部和人才支撑。要突出提高治理能力，加强新时代干部队伍建设。要加强思想政治教育，使广大干部坚定理想信念，筑牢信仰之基、补足精神之钙、把稳思想之舵，自觉做共产主义远大理想和中国特色社会主义共同理想的坚定信仰者和忠实实践者。要注重培育专业能力、专业精神，增强干部队伍适应新时代中国特色社会主义发展要求的能力。要通过加强思想淬炼、政治历练、实践锻炼、专业训练，推动广大干部严格按照制度履行职责、行使权力、开展工作，提高推进"五位一体"总体布局和"四个全面"战略布局等各项工作能力和水平。要坚持正确选人用人导向，突出政治标准，提拔重用牢固树立"四个意识"和"四个自信"、坚决维护党中央权威、全面贯彻执行党的理论和路线方针政策，培养忠诚干净担当的干部，选优配强各级领导班子。要强化党组织领导和把关作用，着力培养选拔信念坚定、为民服务、勤政务实、敢于担当、清正廉洁的好干部。要严把选人用人政治关、品行关、能力关、作风关、廉洁关，改进干部推荐考察方式，把制度执行力和治理能力作为干部选拔任用、考核评价的重要依据。要加快人才制度和政策创新，着力集聚爱国奉献的各方面优秀人才。要深化人才发展体制机制改革，最大限度把广大人才的报国情怀、奋斗精神、创造活力激发出来。要实行更加积极、更加开放、更加有效的人才政策，聚天下英才而用之。

第二章

坚持人民当家作主制度优势

党的十九届四中全会指出，“坚持人民当家作主，发展人民民主，密切联系群众，紧紧依靠人民推动国家发展”是我国国家制度和国家治理体系的显著优势之一。不忘初心，方得始终，中国共产党人的初心和使命，就是为中国人民谋幸福。人民是历史的创造者，是决定党和国家前途命运的根本力量。我们党始终坚持以人民为中心，坚持人民是国家的主体、社会的主体、历史的主体，自觉地把人民当家作主融入政党制度、国家制度和法律的各项制度性安排，永远与人民同呼吸、共命运、心连心，永远把人民对美好生活的向往作为奋斗目标，践行全心全意为人民服务的根本宗旨，牢牢依靠人民不断创造历史伟业。

第一节　坚持人民当家作主是马克思主义最鲜明的品质

在马克思之前，社会上占统治地位的理论都是为统治阶级服务的。从布丹、霍布斯、斯宾诺莎到洛克，近代西方人本主义以自然法和契约论为理论基础形成了一系列关于“人民主权”的基本学说，但他们都离开了具体的历史条件，离开人的社会性，以抽象的、永恒不变的人性说明社会历史，在本质上是为资产阶级取得和维护统治地位服务的。与以往一切政治思想理论和一切非马克思主义的学说不同，马克思主义最鲜明的政治立场，就是最直接、最大胆地宣称自己的一切理论和主张，就是要代表无产阶级的根本利益，要致力于最广大人民群众的根本利益。《共产党宣言》中明确指出，“代替那存在着阶级和阶级对立的资产阶级旧社会的，将是这样一个联合体，在那里，每个人的自由发展是一切人的自由发展的条件”①。

在马克思主义国家中，特别是在无产阶级国家生活中，人民当家作主绝不仅仅是一个抽象的概念，更不是像有些人所说的是一个“庸俗的空洞口号”，而是一个包含着丰富内容的根本政治原则。科学社会主义的创始人马克思恩格斯，总是把争取民主、建设民主，实现人民当家作主，作为社会主义的必然进程和奋斗目标之一。马克思恩格斯指出，“无产阶级的运动是绝大多数人的、为绝大多数人谋利益的独立的运动”②，“工人阶级一旦取得统治权，就不能继续运用旧的国家机器来进行管理”，必须“以新的真正民主的国家政权来代替”③。国家机关必须由社会主人

① 《马克思恩格斯选集》第1卷，人民出版社1995年版，第294页。

② 《马克思恩格斯选集》第1卷，人民出版社1995年版，第283页。

③ 《习近平在纪念马克思诞辰200周年大会上的讲话》，新华社2018年5月4日，http://www.xinhuanet.com/politics/2018-05/04/c_1122783997.htm.

变为社会公仆，接受人民监督。列宁更是强调民主对社会主义的意义、明确指出：不实现民主，社会主义就不能实现。[①] 这其中最根本的就是确认人民是国家和社会的主人，国家的一切权力属于人民；人民享有广泛的民主权利，享有管理国家统一和社会事务的权力。这一原则的客观必然性，深藏于社会主义的本质之中。

马克思主义第一次把人民性的思想建立在历史唯物主义的科学基础之上，从经验事实中批判了以私有制为基础的资本主义制度的国家，认为其并不是真正的共同体，仅代表少数资产阶级统治者的利益。马克思主义第一次站在人民的立场探求人类自由解放的道路，为最终建立一个没有压迫、没有剥削、人人平等、人人自由的理想社会指明了方向。马克思主义第一次创立了人民实现自身解放的思想体系，真正科学地和系统地阐明了人民的性质、地位和历史作用，强调人民群众是历史的创造者，是推动社会发展的决定性力量，必须让人民成为国家制度的制定者和国家权力的拥有者，最终明确了人民成为国家制度的根本原则。马克思主义之所以具有跨越国度、跨越时代的影响力，就是因为它植根人民之中，指明了依靠人民推动历史前进的人间正道。

中国共产党是马克思主义的忠实传播者和实践者，始终坚守人民立场的思想，始终把人民立场作为根本立场，把为人民谋幸福作为根本使命。习近平总书记指出：“波澜壮阔的中华民族发展史是中国人民书写的！博大精深的中华文明是中国人民创造

---

① 《列宁全集》第 23 卷，人民出版社 1958 年版，第 70 页。

的！历久弥新的中华民族精神是中国人民培育的！中华民族迎来了从站起来、富起来到强起来的伟大飞跃是中国人民奋斗出来的。”[①] 党的十八大以来，以习近平总书记为代表的新一代中国共产党人将新时代“人民观”的核心要义凝练为“以人民为中心”，并以此统领治国理政的各个方面。中国共产党代表最广大人民群众的根本利益，没有自己特殊的利益。新时代的中国共产党人始终保持着这样一种高度的清醒、高度的自觉，坚持全心全意为人民服务的根本宗旨，贯彻群众路线，尊重人民主体地位和首创精神，始终保持同人民群众的血肉联系，凝聚起众志成城的磅礴力量，团结带领人民共同创造历史伟业。这是中国共产党人尊重历史规律的必然选择，是不忘初心、牢记使命的自觉担当。

第二节　中国共产党开辟了人民当家作主的中国道路

中国是一个具有五千年文明历史，创造了灿烂文化的伟大国家，但是近代以后，腐朽的封建统治和帝国主义列强的入侵使中国陷入内忧外患的黑暗境地，经历了战乱频发、山河破碎、民不聊生的深重苦难。在追求民主的道路上，许多政治人物和政治团体都做过各种不懈的努力，对世界上出现过的主要民主发展模式都进行了尝试。向西方学习，走西方资本主义的民主政治道路最

---

① 《习近平在十三届全国人大一次会议闭幕会上的讲话》，搜狐网 2019 年 3 月 20 日，https：//www. sohu. com/a/225922701 _ 617374.

终都因其局限性而以失败告终。历史证明，在半殖民地半封建的中国，资本主义的或是改良主义的民主道路都行不通。在中国，不依靠最广大的人民群众，不实行人民民主，就不能实现民族独立、人民解放、国家统一和社会稳定。经过28年艰苦卓绝的浴血奋战，中国共产党开辟了人民当家作主的中国道路。

第一，建立了人民民主专政的国体。国体即国家的阶级本质，它是由社会各阶级、阶层在国家中的地位所反映出来的国家的根本属性。国体事关各阶级、各阶层在国家中所处的地位，是反映“国家主人究竟是谁”的根本问题。在长期的革命实践中，毛泽东形成了以人民为中心的一套系统、科学的理论话语，并指导中国革命取得了胜利。1945年7月，毛泽东回答黄炎培“历史周期率”时说：“我们已经找到了新路，就是民主。只有让人民来监督政府，政府才不敢松懈。只有人人起来负责，才不会人亡政息”①。1949年，著名历史学家陈垣以自己的耳闻目睹和内心感怀，写下了这样的文字：“解放后的北平，来了新的军队，那是人民的军队；树立了新的政权，那是人民的政权；来了新的一切，一切都是属于人民的。我活了七十多岁的年纪，现在才看到了真正人民的社会，在历史上从不曾有过的新的社会。”“这不同于以前的改朝换代，的确是历史上空前的、翻天覆地的大变革。”②

① 《1957年毛泽东谈“民主”：是一个方法》，人民网2014年9月22日，http：//history.people.com.cn/n/2014/0922/c372327-25706266.html.

② 巨力：《人民是主要》，中国共产党新闻网2019年10月4日，http：//theory.people.com.cn/n1/2019/1004/c40531-31384479.html.

中国共产党自成立起就以实现人民民主，发展人民民主为根本任务。中国共产党根据马克思主义国家学说的基本原理，吸取巴黎公社和苏联人民民主实践的经验和教训，从我国的国情和具体实际出发，把人民民主推向了一个新的高度。毛泽东指出："我们是人民民主专政，各级政府都要加上'人民'二字，各种政权机关都要加上'人民'二字，如法院叫人民法院，军队叫人民解放军，以示和蒋介石政权不同。"[①]

人民民主专政的政权根基是人民。人民群众是历史的主人、是一切财富的创造者，是社会历史进步的推动者。《中华人民共和国宪法》明确规定，中华人民共和国的一切权力属于人民。人民行使国家权力的机关是全国人民代表大会和地方各级人民代表大会。以毛泽东为核心的第一代中央领导集体创造性地提出了人民民主专政理论，奠定了我国社会主义政治制度的基本政治框架，实现了民主政治建设在制度形态上质的飞跃。新中国成立以后，人民成为国家的主人。解放了的中国人民，以主人翁精神建设自己的国家，表现出高昂奋发气概和高尚精神境界。

第二，推进人民民主的制度化法制化。1954 年，第一部《中华人民共和国宪法》的制定，是在我们党的领导下，把民主制度化、法制化的一个里程碑。通过推动人民民主的制度化、法制化继续巩固了人民民主专政的国家政权，建立了保障人民民主权利和自由的各级人民代表大会，通过民族区域自治制度，使各

① 巨力：《人民是主要》，中国共产党新闻网 2019 年 10 月 4 日，http：//theory. people. com. cn/n1/2019/1004/c40531-31384479. html.

民族平等地参与国家管理。改革开放时期，中国共产党坚持把马克思主义与改革开放的实践相结合，进一步阐述了民主和社会主义的密切联系。邓小平明确提出，“没有民主就没有社会主义，也就没有社会主义的现代化”[①]。以此为逻辑起点，结合正反两方面经验，邓小平进一步阐述了，实现民主的制度化、法制化是社会主义民主政治的一条新路。为了保障人民民主，必须加强法制，必须使民主制度化、法制化，使这种制度和法制不因领导人的改变而改变，不因领导人的看法和注意力的改变而改变。社会主义民主和社会主义法制是不可分的。民主要通过法制体现和保障，民主要纳入法制的轨道，公民依法行使民主权利，国家机关依法保障公民权利。

第三，坚持党的领导、人民当家作主和依法治国的有机结合和辩证统一。不要社会主义法治的民主，不要党的领导的民主，不要纪律和秩序的民主，决不是社会主义民主。发展社会主义民主政治，必须坚持中国特色社会主义政治发展道路，关键是要坚持党的领导、人民当家作主、依法治国有机统一。

党的领导是人民当家作主和依法治国的根本保证，人民当家作主是社会主义民主政治的本质特征，依法治国是党领导人民治理国家的基本方式，三者统一于我国社会主义民主政治伟大实践，并且共同构成坚持和完善中国特色社会主义制度、推进国家治理体系和治理能力现代化的支撑。党政军民学，东西南北中，党是领导一切的。党的群众路线充分发挥了尊重民意、汇集民

① 孟基常：《民主是社会主义的本质要求》，《人大研究》1997 年第 3 期。

智、凝聚民力、改善民生的作用，贯穿党治国理政全部工作之中，始终做到为了群众、相信群众、依靠群众、引领群众，深入群众、深入基层。

人民民主是社会主义的生命，体现了人民意志、保障了人民权益、激发了人民的创造活力，用制度体系保证人民当家作主。坚持国家一切权力属于人民，健全民主制度，丰富民主形式，拓宽民主渠道，保证人民依法实行民主选举、民主决策、民主管理、民主监督，不断推进社会主义民主政治制度化、规范化、程序化，进一步把我国社会主义政治制度的优越性发挥出来，为党和国家兴旺发达、长治久安提供了完善的制度保障。

我们要发展的是有中国特色社会主义民主政治，决不照搬西方政治制度模式。发展社会主义民主政治，建设社会主义政治文明，必须适应经济发展和社会全面进步的要求，在坚持四项基本原则的前提下，继续积极稳妥地推进中国特色社会主义民主政治，巩固民主团结、生动活泼、安定和谐的政治局面。

第三节　人民当家作主制度体系的显著优势

首先，人民代表大会制度从根本上保障了人民当家作主，在国家政治制度中具有根本性质，在国家政权组织体系中具有根本地位。在人民当家作主制度体系中，起基础和关键作用的是人民代表大会制度，从根本上保障全体人民享有最高决策权和最终监督权，把国家和民族的前途命运牢牢掌握在自己手里。这是人民当家作主最根本、最重要的权力。人民代表大会制度是坚持党的领导、人民当家作主、依法治国有机统一的根本政治制度安排。人民代表大会制度作为中国特色社会主义制度的重要组成部分，体现着一系列紧密联系、相互贯通的重要政治思想和理论原则，包含着一整套构建科学、运转协调的重要政治制度和行为规范。国家的一切权力属于人民，全国人民代表大会和地方各级人民代表大会都由民主选举产生，对人民负责，受人民监督。国家行政机关、监察机关、审判机关、检察机关都由人民代表大会产生，对人大负责，受人大监督。新中国成立以来特别是改革开放 40 多年来，在中国共产党领导下，人民代表大会制度不断得到巩固、完善和发展，展现出强大的生命力和巨大的优越性，发挥了极为重要的根本政治制度功效。充分保障了人民当家作主，保证了人民依法实行民主选举、民主协商、民主决策、民主管理、民主监督，享有广泛的权利和自由，保证了人民依法通过各种途径和形式，管理国家事务，管理经济和文化事业，管理社会事务，并提出批评意见和建议。

此外，人民代表大会制度还全面动员了全体人民以国家主人翁的地位投身社会主义建设，把各方面智慧和力量凝聚起来，坚定不移地朝着国家发展的宏伟目标前进，有效保证了国家机关协调高效运转，实行民主集中制，以及国家统一有效组织各项事业、开展各项工作。实践充分证明，人民代表大会制度是符合中国国情和实际、体现社会主义国家性质、保证人民当家作主、保障实现中华民族伟大复兴的好制度。

其次，新型政党制度赋有代表广泛性、利益整合性和治理有效性的功能。政治制度是用来调节政治关系、建立政治秩序、推动国家发展、维护国家稳定的，不可能脱离特定社会政治条件来抽象评判，不可能千篇一律、归于一尊。一国政党制度的形成，取决于采用什么样的政党理论为指导，与什么样的具体国情相结合，并且这种结合还必须体现创造性思维。中国共产党领导的多党合作和政治协商制度作为我国一项基本政治制度，是中国共产党、中国人民和各民主党派、无党派人士的伟大政治创造，是从中国土壤中生长出来的新型政党制度，在近 70 年的发展历程中，不断丰富并趋于成熟，构成了我们党和国家制度的一大鲜明特色和显著优势。习近平总书记用三个“新”字作出精准概括：新在它是马克思主义政党理论同中国实际相结合的产物，能够真实、广泛、持久代表和实现最广大人民根本利益、全国各族各界根本利益，有效避免了旧式政党制度代表少数人、少数利益集团的弊端；新在它把各个政党和无党派人士紧密团结起来、为着共同目标而奋斗，有效避免了一党缺乏监督或者多党轮流坐庄、恶性竞争的弊端；新在它通过制度化、程序化、规范化的安排集中各种意见和建议、推动决策科学化民主化，有效避免了旧式政党制度囿于党派利益、阶级利益、区域和集团利益决策施政导致社会撕裂的弊端。[①] 70 年里，中国共产党同各民主党派和无党派人士的团结合作，不但没被“雨打风吹去”，反而愈加紧密牢固。新型

---

① 《立“新”除“弊” 习近平纵论新型政党制度》，新华网 2018 年 3 月 5 日，http://www.xinhuanet.com/politics/2018-03/05/c_1122491671.htm.

政党制度，蕴含着中国共产党同各民主党派和无党派人士能“心往一处想、智往一处谋、劲往一处使”的密码。

最后，形成了具有全过程民主特点的协商民主制度。2019年11月2日，习近平总书记在上海长宁区虹桥街道古北市民中心考察社区治理和服务情况中指出，“我们走的是一条中国特色社会主义政治发展道路，人民民主是一种全过程的民主”①。在中国社会主义制度下，有事好商量，众人的事情由众人商量，找到全社会意愿和要求的最大公约数，是人民民主的真谛。历史和实践反复证明，社会主义协商民主坚持有事多商量，遇事多商量，做事多商量，是适合中国国情、有效管用的民主形式。这种全过程民主涉及全国各族人民利益的事情，在全体人民和全社会中广泛商量；涉及一个地方人民群众利益的事情，在这个地方的人民群众中广泛商量；涉及一部分群众利益、特定群众利益的事情，在这部分群众中广泛商量；涉及基层群众的事情，在基层群众中广泛商量。全过程民主的特点就是在人民内部各方面广泛商量的过程，就是发扬民主、集思广益的过程，就是统一思想、凝聚共识的过程，就是科学决策、民主决策的过程，就是实现人民当家作主的过程。

中国人民政治协商会议是中国共产党同各民主党派、人民团体和各族各界人士风雨同舟、团结奋斗的伟大成果，是各党派团体和各族各界人士发扬民主、参与国事、团结合作的重要载体和

① 《习近平：中国的民主是一种全过程的民主》，新华社2019年11月3日，http://www.xinhuanet.com/2019-11/03/c_1125186412.htm.

平台。人民政协能够以特有的权威性和超脱性，通过协商民主来协调关系、凝聚人心、汇聚智力、纾解矛盾，帮助党委和政府解决我国经济社会发展中的许多难题。坚持有事好商量，平等探讨问题，坦率提出意见，努力化解分歧、增进共识。支持和保障各民主党派、无党派人士积极参与政治协商活动，在协商中推进合作共事，在合作中实现党的领导，不断巩固中国共产党和党外人士的政治联盟。充分发挥政协委员联系群众、团结各界的重要作用，反映各界群众的意见，使党和政府的决策更符合群众愿望并为群众所理解。

在城乡社区治理、基层公共事务和公益事业中广泛实行群众自我管理、自我服务、自我教育、自我监督，拓宽人民群众反映意见和建议的渠道。中国已形成了以农村村民自治、城市社区居民自治和企业职工代表大会为主要内容的基层民主体系。主要表现为民情恳谈会、民主恳谈会、民情直通车、社区议事会、居民论坛和民主听证会等形式。比如，广州市采取在同德围地区成立“综合整治工作咨询监督委员”，让党员代表、人大代表、政协委员和居民、村民、企业代表、居民共同参与，形成政民互动的“同德围模式”，有效地解决了拆迁问题。中国基层的民主最能体现协商民主的包容性、平等性、公开性，是人民当家作主最有效、最广泛的途径。

第四节　坚持和完善人民当家作主制度体系

民主不能光看形式，还必须究其实质内容，要看人民实际上行使了多少民主权利。习近平总书记指出："人民是否享有民主权利，要看人民是否在选举时有投票的权利，也要看人民在日常政治生活中是否有持续参与的权利；要看人民有没有进行民主选举的权利，也要看人民有没有进行民主决策、民主管理、民主监督的权利。"① 我国社会主义民主是维护人民根本利益的最广泛、最真实、最管用的民主，必须始终坚持和完善人民当家作主制度体系，使国家一切权力属于人民，使国家法律法规体现人民意志、尊重人民意愿、得到人民拥护，使人民全过程参与国家事务管理。

第一，坚持和完善人民代表大会制度这一根本政治制度。在新时代坚持和发展中国特色社会主义、实现中华民族伟大复兴中国梦的伟大征程中，必须充分发挥人民代表大会制度这一根本政治制度作用，继续通过人民代表大会制度牢牢把国家和民族前途命运掌握在人民手中。要通过人民代表大会制度，从各层次各领域扩大公民有序政治参与，依法保障公民的知情权、参与权、表达权、监督权，依法保证全体社会成员平等参与、平等发展的权利。完善以宪法为核心的中国特色社会主义法律体系，坚持科学立法、民主立法、依法立法，完善立法体制机制。健全人大对"一府一委两院"监督制度，加强对法律实施的监督，保证行政权、监察权、审判权、检察权得到依法正确行使，保证公民、法人和其他组织合法权益得到切实保障。密切人大代表同人民群众的联系，支持和保证代表依法履职，充分发挥代表作用；健全代

---

① 《习近平：找到全社会意愿最大公约数》，中国青年网 2014 年 9 月 22 日，http://news.youth.cn/jsxw/201409/t20140922_5763906.htm.

表述职制度，完善代表履职监督工作。健全人大组织制度、选举制度和议事规则，加强地方人大及其常委会建设。

第二，坚持和完善中国共产党领导的多党合作和政治协商制度。贯彻长期共存、互相监督、肝胆相照、荣辱与共的方针，加强中国特色社会主义政党制度建设，健全相互监督特别是中国共产党自觉接受监督、对重大决策部署贯彻落实情况实施专项监督等机制，完善民主党派中央直接向中共中央提出建议制度，完善支持民主党派和无党派人士履行职能方法，展现我国新型政党制度优势。各民主党派要正确认识大局、把握大局，自觉服务大局、维护大局，立足我国发展新的历史方位和社会主要矛盾变化，发挥自身界别特色、智力优势，紧紧围绕中共中央重大决策部署，认真履行参政议政、民主监督、参加中国共产党领导的政治协商等职能，帮助党和政府科学决策、民主决策、依法决策，做好解疑释惑、理顺情绪、化解矛盾、凝聚共识工作，充分发挥我国新型政党制度效能优势，为决胜全面建成小康社会、夺取新时代中国特色社会主义伟大胜利、实现“两个一百年”奋斗目标作出新的更大贡献。

第三，巩固和发展最广泛的爱国统一战线。一是着力加强政治引领。要深入学习领会习近平总书记关于加强和改进统一战线工作的重要思想，进一步树立问题导向，加强调查研究，以重点难点问题的解决推动新时代统战工作再上新台阶。正确处理一致性和多样性的关系，坚持一致性和多样性统一，深刻认识到一致性是共同思想政治基础的一致，多样性是利益多元、思想多样的反映，及时了解统一战线内部思想动态，做好求同存异、聚同化异的工作，从而在尊重多样性中寻求一致性，推动统一战线成员实现思想上的共同进步。二是着力加强制度建设。各级党委要把统战工作纳入重要议事日程，纳入工作考核内容，纳入宣传工作计划，纳入党校（行政学院）、干部学院、社会主义学院的重要教学内容，真正做好分内事、种好“责任田”。各级党政领导干部要带头学习宣传和贯彻落实统一战线政策法规，带头参加统一战线重要活动，带头广交深交党外朋友，切实履行做好统战工作的政治责任。三是着力加强队伍建设。进一步引导统战干部完善知识结构、改进工作作风，严格遵守党的政治纪律和政治规矩，善于处理各种复杂敏感问题，努力成为行家里手。要完善照顾同盟者利益政策，关注统一战线成员的思想和精神需求，积极为党外人士发挥作用搭建舞台，特别是要健全党外代表人士队伍建设制度，着力抓好发现、培养、使用、管理等工作，努力建设一支数量充足、结构合理、素质优良、作用突出的党外代表人士队伍，实现新时代统一战线持续健康发展。

第四，推进协商民主广泛多层制度化发展。有事多商量，遇事多商量，做事多商量，商量得越多越深入越好，使“商量”成为中国土壤上开出的绚丽的制度之花。所谓领导权，不是要一天到晚当作口号去高喊，也不是盛气凌人地要人家服从我们，而是以党的正确政策和自己的模范工作，说服和教育党外人士，使他们愿意接受我们的建议。在中国社会主义制度下，有事好商量，众人的事情由众人商量，找到全社会意愿和要求的最大公约数，是人民民主的真谛。在今天的经济社会大环境下，改革攻坚决不可能风和日丽、太平无事，“有事”将成为常态，这个“事”，就是新情况、新矛盾、新问题。破解难题、推进改革，就需要“做事”。从“有事”到“做事”的过程中，也必然会出现各种各样的预料之中或预料之外的情况，这就是“遇事”。习近平总书记提出的“有事多商量、遇事多商量、做事多商量”[①]，为改革发展提供了重要的思想和实践方法。在利益多元、价值多样的今天，如何通过“多商量”达成广泛共识、凝成改革动力，做到有事不慌、遇事不怕、做事不乱，显得尤为紧迫。中国共产党必须依靠制度建设，构建起程序合理、环节完整的社会主义协商民主体系，统筹推进政党协商、人大协商、政府协商、政协协商、人民团体协商、基层协商以及社会组织协商，确保协商民主有制可依、有规可守、有章可循、有序可遵。

第五，坚持和完善民族区域自治。习近平总书记在中央民族工作会议上强调指出，要坚持统一和自治相结合、民族因素和区域因素相结合，把宪法和民族区域自治法的规定落实好，关键是帮助自治地方发展经济、改善民生。一是坚定不移走中国特色解决民族问题的正确道路，坚持各民族一律平等，坚持各民族共同团结奋斗、共同繁荣发展，保证民族自治地方依法行使自治权，保障少数民族合法权益，巩固和发展平等团结互助和谐的社会主义民族关系。二是坚持不懈开展马克思主义祖国观、民族观、文

① 《习近平：在庆祝中国人民政治协商会议成立 65 周年大会上的讲话》，人民网 2014 年 9 月 22 日，http：//cpc. people. com. cn/n/2014/0922/c64094-25704157-4. html.

化观、历史观宣传教育，打牢中华民族共同体思想基础。全面深入持久开展民族团结进步创建，加强各民族交往交流交融。三是支持和帮助民族地区加快发展，紧紧围绕全面建成小康社会目标，顺应各族群众新期盼，深化改革开放，调动广大干部群众的积极性，激发市场活力和全社会创新创造热情，不断提高民族地区经济发展水平和各族群众生活水平。

第六，坚持和完善基层群众自治制度。确保人民民主权利的享有和落实，切实防止出现人民形式上有权、实际上无权的现象，就是要坚持和完善基层民主，不断加固社会主义民主政治建设的人民之基，进一步完善相关法律法规建设，进一步提高基层群众自治的可操作性；要进一步理顺政府与基层群众自治组织之间的关系，切实保障基层群众自治组织的自治权；要不断提高基层群众自治的制度化水平，畅通基层选举、议事、公开、述职、问责等民主渠道，健全基层自治机制，既充分保障人民依法直接行使民主权利，又积极引导群众自治纳入制度化轨道。

民主不是装饰品，不是用来做摆设的，而是要用来解决人民要解决的问题的。中国共产党的一切执政活动，中华人民共和国的一切治理活动，都要尊重人民主体地位，尊重人民首创精神，拜人民为师。中国特色社会主义进入新时代，我们要更加坚定不移地沿着中国特色社会主义政治发展道路前进，充分发挥社会主义政治制度的优越性，完善人民当家作主的民主政治制度体系，为我国经济社会快速发展，实现中华民族伟大复兴的中国梦，提供可靠的政治制度保障。

第三章

坚持社会主义法治国家制度优势

党的十九届四中全会指出，“坚持全面依法治国，建设社会主义法治国家，切实保障社会公平正义和人民权利”是我国国家制度和国家治理体系的显著优势之一。全面依法治国的总目标是，建设中国特色社会主义法治体系，建设社会主义法治国家。中国特色社会主义法治和法治体系，是中国特色社会主义制度的重要组成部分，也是我国制度优势之一。

第一节　社会主义法治的内涵

第一，法治的内涵。法治是与人治相对应的概念，法律之治，指一个国家和社会的治理应当建立在法律框架下，在法律轨道上运行。法治在本质上是制度之治，强调规则和制度的重要性，强调运用规则和制度对人的行为规范、引导和约束。法治具有下列特征：

一是法治体现国家意志性。作为治国理政的方式，法治是运用规则和制度的治理。法治中的“法”指由国家制定或认可并以国家强制力作保证的规范。在现代国家中，“法”通常是特定的国家机关根据自身的法定权限通过一定的程序制定颁布，以一定形式表现并由相关机关执行的规则或者文件，是国家制度的重要组成部分，是国家意志的体现。

二是法治反映的是统治阶级的意志。“法”是由统治阶级赖以生存的物质生活条件决定的统治阶级意志和利益的体现。马克思和恩格斯在《共产党宣言》中深刻地指出：“你们的观念本身是资产阶级的生产关系和所有制关系的产物，正象你们的法不过是被奉为法律的你们这个阶级的意志一样，而这种意志的内容是由你们这个阶级的物质生活条件来决定的。”[①] 列宁指出：“法律就是取得胜利，掌握国家政权的阶级的意志的表现。”[②] 因此，法律是社会关系的反映。马克思强调：“社会不是以法律为基础的。那是法学家们的幻想。相反地，法律应该以社会为基础”[③]。“社会本身——是所有权、建立在所有权基础上的法律的根源”[④]。

三是法治本身是制度体系。法治是一个系统，是由法律制定与法律实施等方面构成的整体。法律制定包括法律修改、废止等，其主要功能是供给规则和制度，是法治建设的前提和基础；

① 《马克思恩格斯选集》第1卷，人民出版社1972年版，第268页。
② 《列宁全集》第13卷，人民出版社1987年版，第304页。
③ 《马克思恩格斯全集》第6卷，人民出版社1961年版，第291—292页。
④ 《马克思恩格斯全集》第26卷，人民出版社1972年版，第368页。

法律实施是指法律在经济社会生活中得以实施遵守，包括执法、司法、守法等。

第二，社会主义法治。马克思主义认为，法律不是从来就有的，也不是永恒存在的，是阶级社会特有的现象。恩格斯指出，在原始社会中，“没有军队、宪兵和警察，没有贵族、国王、总督、地方官和法官，没有监狱，没有诉讼，而一切都是有条有理的。”① 随着生产力发展，阶级和国家的出现，法律由此产生。因此，法律是人类社会发展到一定阶段的产物。马克思“强调不同类型的生产方式对法律发展类型的制约作用”，认为“社会经济关系类型从根本上决定着社会与法律类型的表现方式”②，指出“每种生产方式都产生出它所特有的法的关系、统治形式”③。按照历史类型，可以分为奴隶制法、封建制法、资本主义法和社会主义法。前三者是剥削阶级国家的法，即“少数剥削者对广大劳动者实行专政的工具，都是巩固生产资料私有制的”④。

社会主义法根本上区别于剥削阶级国家的法，是建立在生产资料社会主义公有制基础上，反映社会主义国家全体人民的最大利益和意志的法。一是反映并调整着社会主义社会关系的规范和制度体系。社会主义法是最高历史类型的法，是体现和反映社会主义社会关系的法。二是建立在生产资料社会主义公有制基础上。社会主义法不同于建立在私有制基础上的剥削阶级国家的

---

① 《马克思恩格斯选集》第 4 卷，人民出版社 1972 年版，第 92 页。
② 公丕祥：《马克思的法律发展思想及其当代意义》，《中国社会科学》2017 年第 10 期。
③ 《马克思恩格斯全集》第 30 卷，人民出版社 1995 年版，第 29 页。
④ 张光博：《法的概念和历史类型》，《吉林大学社会科学学报》1980 年第 1 期。

法，而是建立在社会主义公有制基础上，是社会主义经济基础的上层建筑，积极服务于社会主义经济基础的产生、巩固与发展。由于社会主义法的“经济基础是社会主义的，实行法律面前人人平等就更有保证”①。三是反映和维护工人阶级为领导的广大人民的共同利益和共同意志的法。社会主义法具有鲜明的阶级性和广泛的人民性，是广大人民打击敌人同违法犯罪作斗争的有力武器，也是人民当家作主、维护合法权益和促进社会进步的根本保障。马克思指出：“法典是人民自由的圣经”②，恩格斯同样指出：“国家制度、法律、国家本身都只是人民的自我规定和人民的特定内容。”③

第二节　中国特色社会主义法治的实践探索

法治是文明发展到一定历史阶段的标志，也是一国人民不断努力追求的目标。中国人民为建设法治国家，进行了长期不懈的奋斗。中国共产党领导中国人民，把马克思主义与中国国情相结合，成功地开辟了中国特色社会主义道路，在 1949 年以来的 70 年法治建设进程中开启了史无前例的伟大法治实践，形成了中国特色社会主义法治。

第一，新中国成立初期奠定社会主义法治基础。我国是一个具有五千多年文明史的古国，中华法系源远流长，曾向世界贡献

① 彭真：《论新中国的政法工作》，中央文献出版社 1992 年版，第 177 页。

② 《马克思恩格斯全集》第 1 卷，人民出版社 1995 年版，第 176 页。

③ 《马克思恩格斯全集》第 3 卷，人民出版社 2002 年版，第 41 页。

了中国智慧。然而，自 1840 年中国沦为半殖民、半封建社会后，变法改制便成为重振中华的重任，不过各种探索和努力最终都归于失败。

中国共产党自成立之日起就致力于建设人民当家作主的新社会，提出了关于未来国家制度的主张并领导人民为之进行斗争，在土地革命时期和抗日战争时期就开始了法律制度建设的有益探索。1949 年中华人民共和国成立后，我们党创造性地运用马克思主义国家学说，把我国法治建设推向了一个崭新的历史阶段。

1949 年 2 月 22 日，中共中央发布了《关于废除国民党的六法全书与确定解放区的司法原则的指示》，宣布“国民党的六法全书应该废除”。我们党在废除旧法统的同时，积极探索构建全新的社会主义法治之路。1949 年 9 月，中国人民政治协商会议通过的具有临时宪法性质的《共同纲领》和《中华人民共和国中央人民政府组织法》，以及其后颁布的其他一系列法律、法令，对巩固新生的共和国政权、维护社会秩序起到了重要作用。1954 年 9 月，第一届全国人民代表大会第一次全体会议在《共同纲领》的基础上制定颁布了《中华人民共和国宪法》，这是新中国第一部社会主义类型的宪法。这部宪法对确立我国更加完备的国家根本政治制度、国家机构体系和形式、我国公民权利保障制度等作出了系统规定和安排。以 1954 年《宪法》为根据，我国制定的有关法律对国家的政治制度、经济制度、国家机关的组织和职权等，确立了我国社会主义国家的基本制度体系，为形成中国特色社会主义法治奠定了基础。不过，20 世纪 50 年代后期以后，特别是“文化大革命”十年（1966—1976 年），我国法治遭到严重破坏，社会主义法治建设几乎停滞。

第二，改革开放后法治建设快速发展。1978 年，我们党召开具有重大历史意义的十一届三中全会，明确提出要使“制度和法律具有稳定性、连续性和极大的权威，做到有法可依，有法必依，执法必严，违法必究”，在开启改革开放的同时开启了中国特色社会主义法治建设的全新局面，重新点亮了社会主义法治之光。在新的指导思想的引领下，以我国 1982 年现行《宪法》颁布实施为契机，《刑法》《刑事诉讼法》《民法通则》《民事诉讼法（试行）》《行政诉讼法》和保障人民权利、规范社会生活和社会秩序以及国家政权组织机构的重要法律相继出台，从根本上改变了我国政治、经济和社会领域无法可依的局面，为经济建设和社会发展提供了强有力的保障。

1997 年，党的十五大报告划时代提出“依法治国，建设社会主义法治国家”，1999 年宪法修正案正式将其在宪法中加以确认，标志着我国成功实现了主要依政策治国向主要依法律治国这一治国理政模式的根本转变，标志着依法治国在我国进入新阶段。

2002 年，党的十六大报告提出要提高依法执政能力。2004 年，十六届四中全会第一次把依法执政确认为“新的历史条件下党执政的一个基本方式”。“形成‘依法执政’理念，确立依法执政基本方式，是党的思想理论和执政理念的一次重大飞跃”[①]，

① 张文显：《中国法治 40 年：历程、轨迹和经验》，《吉林大学社会科学学报》2018 年第 5 期。

标志着中国特色社会主义法治建设取得重要进展。同年，“国家尊重和保障人权”被载入《宪法》。

第三，全面依法治国新发展。党的十八大以来，以习近平同志为核心的党中央提出了全面依法治国的重大论断，对全面依法治国作出一系列重大决策、提出一系列重大举措。推进全面深化改革，健全党的领导体制机制，加强人民当家作主制度建设，坚持依宪治国、与时俱进修改宪法，完善立法体制、加强重点领域立法，深化党和国家机构改革，推进法治政府建设，深化司法体制综合改革，建立国家监察制度，中国特色社会主义制度日趋成熟定型，中国特色社会主义法治体系不断完善，为推动党和国家事业取得历史性成就、发生历史性变革发挥了重大作用。

2013 年，党的十八届三中全会提出“推进法治中国建设”；2014 年，党的十八届四中全会开中央全会历史之先河，首次由全会专题研究法治建设，通过了《中共中央关于全面推进依法治国若干重大问题的决定》，把建设中国特色社会主义法治体系、建设社会主义法治国家确立为全面推进依法治国的总目标，强调要形成完备的法律规范体系、高效的法治实施体系、严密的法治监督体系、有力的法治保障体系，形成完善的党内法规体系。

党的十九大明确把全面依法治国确立为新时代应当坚持和发展中国特色社会主义的十四项基本方略之一，指出“全面依法治国是中国特色社会主义的本质要求和重要保障”，“依法治国是党领导人民治理国家的基本方式”，“全面依法治国是国家治理的一场深刻革命”，并根据新时代的新征程，把法治建设内在地体现于在构筑新时代的目标蓝图中清晰地嵌入法治指标和要素，建立起与全面建设社会主义现代化强国的时间表、路线图相对接的法治发展路线图。

“党的十八大以来，以习近平同志为核心的党中央在全面推进依法治国、加快建设中国特色社会主义法治体系和社会主义法治国家的伟大实践中，创造性地发展了中国特色社会主义法治理论，创立了具有鲜明时代特征、理论风格和实践特色的习近平新时代中国特色社会主义法治思想”[①]。

第三节 中国特色社会主义法治的主要内容和显著优势

我国的社会主义法治建设，是中国共产党把马克思主义基本原理同中国具体实际结合起来，带领中国人民不断探索形成了中国特色社会主义法治。中国特色社会主义法治，为保障和发展中国人民权利、创造出经济快速发展和营造社会长期稳定奠定了坚实基础，也为世界法治建设贡献了中国智慧和中国方案，具有显著优越性和强大生命力。

第一，主要制度。中国特色社会主义法治有丰富的内涵，由依法治国的理论、原则、制度和方法等组成。就制度层面而言，中国特色社会主义法治集中体现在中国特色社会主义法治体系之

① 张文显：《中国法治 40 年：历程、轨迹和经验》，《吉林大学社会科学学报》2018 年第 5 期。

中，并构成了我国法治建设的总抓手。中国特色社会主义法治体系由完备的法律规范体系、高效的法治实施体系、严密的法治监督体系、有力的法治保障体系、完善的党内法规体系组成，每个体系下均由相关的制度组成。

一是党领导依法治国的制度机制。党的领导是中国特色社会主义最本质的特征，是社会主义法治最根本的保证，把党的领导贯彻到依法治国全过程和各方面，是推动我国社会主义法治建设的基本要求。党领导依法治国的制度机制，旨在强化党在依法治国和社会主义法治建设中总揽全局、协调各方的领导地位，主要包括三个方面：成立中央全面依法治国委员会，负责全面依法治国的顶层设计、总体布局、统筹协调、整体推进、督促落实，在地方成立相应机构和机制；党对法治四大环节的领导制度，即党领导立法、保证执法、支持司法、带头守法的制度；推动党中央决策部署贯彻落实的制度，这集中体现在“四个善于”的要求之中，即善于使党的主张通过法定程序成为国家意志，善于使党组织推荐的人选通过法定程序成为国家政权机关的领导人员，善于通过国家政权机关实施党对国家和社会的领导，善于运用民主集中制原则维护中央权威、维护全党全国团结统一。

二是完备的法律规范体系。法律是治国之重器，良法是善治之前提。建设中国特色社会主义法治，首先必须有完备的法律规范体系，集中体现在立法体制机制制度之中。立法体制机制制度确立了立法主体、立法权限、立法程序、法律规范位阶等，主要由宪法、立法法等加以规定。为维护国家法制统一，体现全体人民的共同意志和整体利益，中国实行统一而又分层次的立法体制，在赋予全国人大及其常委会、国务院、国务院各部门和具有行政管理职能的直属机构相关的立法权的同时，也赋予省、自治区、直辖市的人大及其常委会、人民政府，以及设区的市的人大及其常委会、人民政府一定的地方立法权。在我国，法律规范体系是以宪法为核心，主要由七个法律部门和不同层级的法律规范构成。宪法是国家的根本大法，具有最高的法律效力。七个法律部门包括：宪法及宪法相关法、民法商法、行政法、经济法、社会法、刑法、诉讼与非诉讼程序法；不同层级的法律规范包括：法律、行政法规、地方性法规、自治条例和单行条例、规章。

三是高效的法治实施体系。法律的生命力在于实施，法律的权威也在于实施。该体系涵盖面广，涉及执法、司法、守法各个层面的制度和安排。执法主要指各行政机关依法行政，严格执法，建设职能科学、权责法定、执法严明、公开公正、廉洁高效、守法诚信的法治政府，主要由行政组织法、行政行为法和行政监督救济法组成。司法制度指有关司法机关的职能和活动以及与之密切相关的制度，由规范法院、检察院各自职能和活动的审判制度和检察制度，以及仲裁制度、公证制度、调解制度、律师制度、法律援助制度和统一法律职业考试制度等组成。① 守法方面的制度由普法宣传教育机制、守法诚信褒奖机制和违法失信行为惩戒机制、依法维权和化解纠纷机制等组成。

---

① 谭世贵：《中国司法制度》，法律出版社 2005 年版，第 5—6 页。

四是严密的法治监督体系。对权力加以制约和监督，是依法治国的基本要求，要建立立法、执法、司法权力运行制约和监督机制。在我国，科学、有效、严密的权力运行制约和监督体系，由党内监督、人大监督、民主监督、监察监督、行政监督、司法监督、审计监督、社会监督和舆论监督制度等组成。

五是有力的法治保障体系。全面依法治国需要强有力的保障，包括党对全面依法治国领导的政治保障、组织和人才保障、科技信息保障、理论智库支持等。

六是完善的党内法规体系。党内法规既是管党治党的重要依据，也是建设社会主义法治国家的重要保障。党内法规制度体系，是以党章为根本，以民主集中制为核心，以准则、条例等中央党内法规为主干，由各领域各层级党内法规制度组成的有机统一整体。

第二，主要特色。中国特色社会主义法治的“中国特色”主要表现在以下方面：

一是坚持和拓展中国特色社会主义法治道路。道路标定方向，道路决定前途，独特的国情决定了中国必须走独特的法治道路。中国特色社会主义法治道路，是中国特色社会主义道路在法治领域的具体体现，是社会主义法治建设成就和经验的集中体现，是建设社会主义法治国家的唯一正确道路。这条道路全面反映了中国特色社会主义本质要求，立足中国历史文化传统和现实国情，积极探索符合当前中国时代特征、体现当代中国时代精神的法治实践路径。

二是依法治国与以德治国相结合。依法治国与以德治国相结合是中国法治的重要特色。坚持把社会主义核心价值观贯穿于全面依法治国的各个环节，引领法治进步、树立法治信仰、形成法治文化，实现德法共治、德法融合。

三是依法治国与依规治党有机统一。实现依法治国与依规治党相统一，使纪法衔接、纪法贯通，是我们对于社会主义法治建设规律认识的重要升华。

四是坚持法治与改革双轮驱动。改革与法治如鸟之两翼、车之双轮，坚持改革决策和法治相统一、相衔接，是我国法治建设的特色之一。在法治下推进改革，在改革中完善法治，通过各领域各方面体制机制改革，推动各方面制度更加成熟更加定型。

五是坚持全面推进与重点突破相协调。依法治国是一项庞大的系统工程，必须统筹兼顾、把握重点、整体谋划。坚持依法治国、依法执政、依法行政共同推进，法治国家、法治政府、法治社会一体建设，坚持全面推进科学立法、严格执法、公正司法、全民守法。同时，我国法治建设又注重抓住重点难点，通过重难点的突破带动法治发展。

第三，显著优势。中国特色社会主义法治植根于中华民族五千多年文明史所积淀的深厚历史文化传统，吸收借鉴了人类制度文明有益成果，在实践中显示出巨大优势：

一是坚持党的领导的优势。党的领导是中国特色社会主义制度的最大优势，也是中国特色社会主义法治的最大优势和最根本保证，是我国社会主义法治同西方资本主义国家的法治最大的区别。70 年来我国法治建设的快速发展，充分证明坚持党的领导是我国法治建设的优势之所在，是我国社会主义法治建设的一条基本经验。坚持党的领导，就要依靠党把握法治建设方向，依靠党对法治发展进行顶层设计和全面部署。坚持党的领导，就要把党的领导贯彻到依法治国全过程和各方面，贯彻党领导立法、保证执法、支持司法、带头守法的要求。坚持党的领导，就要党总揽全局、协调各方同人大、政府、政协、审判机关、检察机关依法依章程履行职能、开展工作统一起来。

二是保证人民当家作主的优势。我国国家制度深深植根于人民之中，能够有效体现人民意志、保障人民权益、激发人民创造力。人民立场是党的根本政治立场，人民是依法治国的主体和力量源泉。法治建设必须为了人民、依靠人民、造福人民、保护人民。失去人民拥护和支持，法治就会失去根基，法治建设就会失去方向。只有牢固树立以民为本的理念，以保障人民根本权益为出发点和落脚点，保证人民依法享有广泛的权利和自由、承担应尽的义务，倾听人民呼声、回应人民期待，依法保障人民平等参与、平等发展权利，维护社会公平正义，保障人民群众对美好生活的向往和追求，促进共同富裕，才能真正推动法治发展。

三是坚持全面依法治国的优势。坚持法治国家、法治政府、法治社会一体建设，推动法治发展需要统筹协调法治建设所涉及的各类要素，不仅强调法治各个方面的发展，致力于推动法治各领域和每个环节的突破和发展，而且注重法治建设的整体性和系统性，要求各类主体的共同努力，坚持立法、执法、司法和守法全面推进，从而形成发展合力。

四是实行民主集中制的优势。“民主集中制是我国国家组织形式和活动方式的基本原则，是我国国家制度的突出特点。在党的领导下，各国家机关是一个统一整体，既合理分工，又密切协作，既充分发扬民主，又有效进行集中，克服了议而不决、决而不行、行而不实等不良现象，避免了相互掣肘、效率低下的弊端。”①

五是坚持顶层设计与先行先试相结合的优势。对我国这样一个大国，法治建设要坚持法治建设的统一领导和顶层设计，维护国家法制统一、尊严、权威，同时又要支持和鼓励各地方各领域依法先行先试，不断创新，积累经验并逐步上升统一的制度。

第四节　坚持和完善中国特色社会主义法治体系

中国特色社会主义事业不断发展，作为中国特色社会主义法治的总抓手的中国特色社会主义法治体系需要在坚持中不断发展完善，这是坚持和发展中国特色社会主义的内在要求。我国法治建设必须坚定不移走中国特色社会主义法治道路，全面推进依法治国，坚持依法治国、依法执政、依法行政共同推进，坚持法治国家、法治政府、法治社会一体建设，全面推进科学立法、严格执法、公正司法、全民守法，推进法治中国建设。党的十九届四

① 习近平：《坚持、完善和发展中国特色社会主义国家制度与法律制度》，《求是》2019 年第 23 期。

中全会通过的决定，对坚持和完善中国特色社会主义法治体系作出了专门部署和安排。

一是健全保证宪法全面实施的体制机制。宪法是国家的根本大法，是治国安邦的总章程，是党和人民意志的集中体现。依法治国首先要坚持依宪治国，依法执政首先要坚持依宪执政。推动我国法治建设，坚持和完善中国特色社会主义法治体系，必须坚持宪法法律至上，维持宪法权威，维护国家法制统一、尊严、权威，采取措施切实发挥宪法的作用。党的十九届四中全会要求加强宪法实施和监督，落实宪法解释程序机制，推进合宪性审查工作，加强备案审查制度和能力建设，依法撤销和纠正违宪违法的规范性文件。一切违反宪法法律的行为，都必须予以追究。

二是完善立法体制机制。良法是善治之前提，以良法保障善治。建设中国特色社会主义法治体系，既要发挥立法的引领和推动作用，更好着力提高立法质量和效率。根据党的十九届四中全会要求，实现良法善治要坚持科学立法、民主立法、依法立法要求，完善党委领导、人大主导、政府依托、各方参与的立法工作格局，坚持立改废释并举，不断提高立法质量和效率，增强法律法规的及时性、系统性、针对性、有效性。同时，要求完善以宪法为核心的中国特色社会主义法律体系，加强重要领域立法，加快我国法域外适用的法律体系建设。

三是健全社会公平正义法治保障制度。党的十九大指出，中国特色社会主义进入新时代，我国社会主要矛盾已经转化为人民日益增长的美好生活需要和不平衡不充分的发展之间的矛盾。而在民主、法治、公平、正义、安全、环境等方面的要求，是人民对美好生活需要的日益广泛。公正是法治的生命线，法治是公正的象征和保障。因此，在新时代，我国的法治建设必须致力于社会公平正义的实现。党的十九届四中全会明确提出，坚持法治建设为了人民、依靠人民，加强人权法治保障，保证人民依法享有广泛的权利和自由、承担应尽的义务，引导全体人民做社会主义法治的忠实崇尚者、自觉遵守者、坚定捍卫者。针对执法、司法权益关乎社会公平正义实现的重要法治环节，党的十九届四中全会在强调要“坚持有法必依、执法必严、违法必究”的同时，对执法和司法提出了针对性要求。要求行政机关严格规范公正文明执法，规范执法自由裁量权，加大关系群众切身利益的重点领域执法力度；要深化司法体制综合配套改革，完善审判制度、检察制度，全面落实司法责任制，完善律师制度，加强对司法活动的监督，确保司法公正高效权威，努力让人民群众在每一个司法案件中感受到公平正义。

四是加强对法律实施的监督。“天下之事，不难于立法，而难于法之必行。”① 习近平总书记指出：“如果有了法律而不实施，束之高阁，或者实施不力、做表面文章，那制定再多法律也无济于事。”② 随着中国特色社会主义法律体系的形成，法律实施成为当前我国法治建设中的重点和关键，加强法律实施是我国法治建设的重点任务。党的十九届四中全会通过的决定要求加强

---

① （明）张居正：《请稽查章奏随事考成以修实政疏》。

② 习近平：《关于〈中共中央关于全面推进依法治国若干重大问题的决定〉的说明》，《人民日报》2014年10月29日。

对法律实施的监督，推动法律实施。总体上，要求“保证行政权、监察权、审判权、检察权得到依法正确行使，保证公民、法人和其他组织合法权益得到切实保障，坚决排除对执法司法活动的干预”。在具体举措上强调多措并举：拓展公益诉讼案件范围，加大对严重违法行为处罚力度，实行惩罚性赔偿制度，严格刑事责任追究。同时，为法治实施奠定法治观念、意识和能力基础，一方面，要求加大全民普法工作力度，增强全民法治观念，完善公共法律服务体系，夯实依法治国群众基础；另一方面，要求各级党和国家机关以及领导干部要带头尊法学法守法用法，提高运用法治思维和法治方式深化改革、推动发展、化解矛盾、维护稳定、应对风险的能力。

第四章

坚持全国一盘棋制度优势

党的十九届四中全会指出，“坚持全国一盘棋，调动各方面积极性，集中力量办大事”是我国国家制度和国家治理体系的显著优势之一。深刻认识这一显著优势蕴含的马克思主义理论意蕴，回顾我们党在不同历史时期的有关实践探索，分析其主要内容和显著优势，有助于我们在全面深化改革的伟大进程中，坚定我们继续坚持并不断完善这一优势的自觉性和主动性，从而取得国家治理的更大成效。

第一节　坚持全国一盘棋制度优势蕴含的马克思主义理论意蕴

坚持全国一盘棋，调动各方面积极性，集中力量办大事这一显著优势的背后蕴含着深厚的马克思主义理论意蕴。在马克思主义哲学看来，事物是普遍联系的，事物及事物各要素相互影响、相互制约，整个世界是相互联系的整体，也是相互作用的系统。系统和组成它的要素之间的关系即是全局和局部的关系，其中，全局是指整个事物及其发展的全过程，局部是指整个事物的一部分及其发展过程的各个阶段。运用唯物辩证法认识全局和局部之间的关系，要重点把握几个方面：

第一，着眼全局，坚持全国一盘棋。全局由局部组成，但全局不是局部的简单相加，而是局部的有机结合，全局大于局部。一方面，全局的属性和功能以局部的属性和功能为基础，离开局部就不可能有全局，全局依赖于局部。另一方面，全局具有区别于局部的独特的属性和功能。局部隶属全局，依赖全局，局部只有在全局中才能显示自己的属性和意义，发挥其应有的功能；“皮之不存，毛将焉附”，脱离了全局，离开了全局，局部就失去了意义，就难以存在。

全局不能没有局部，任何个别局部也都离不开全局，局部和全局形成了统一体，相互统一。但是，有时全局和局部会出现一定的矛盾，有些在局部看来是可行、重要的事情，在全局看来则可能是暂时不可行、非重要的；甚至某些对局部有利的事情，在全局看来则可能是不利或者有害的。这就需要站在全局的眼光和角度，立足于从全局出发去解决局部问题，小局服从大局，下级服从上级，这是全国一盘棋的重要原则。

第二，照顾局部，调动各方面积极性。局部是全局的有机组成部分，整个事物的发展，是通过各个局部的发展来实现的。全局和局部是相互依存的，强调全局优先，并不是说可以不要局部、忽视局部，恰恰相反，只有在服从全局的前提下把各个局部的工作做好了，全局的目标才能实现。因此，照顾局部利益，给局部适当的独立性，把各个局部的积极性充分地调动起来，科学地组织起来，使之发挥有效的作用，是全局蓬勃发展的基础。

第三，把握关键，集中力量办大事。在事物发展中，全局起着主要的决定性的作用，它决定着事物的发展方向和趋势，局部只能对全局的过程产生一定的影响。但在一定条件下，当某一局部成为全局的主要环节时，就成了事物矛盾体系中居于支配地位的主要矛盾，就具有了规定事物的性质和发展趋势的作用，它对全局就会起主要的、决定的作用，就成为"大事"。任何地区、部门、单位的工作，在任何时候都必须抓住这种关键局部，"审大小而图之，酌缓急而布之"，集中精力办大事，纲举目张，才能把整个工作带动起来。

总之，整体居于全局地位，部分居于局部地位。正确认识与把握全局和局部的关系，必然要求我们在工作中注意几个方面的问题：一是要坚持全国一盘棋，从全局出发想问题办事情；二是充分调动各个局部的积极性，协调各个局部的相互关系，搞好统筹兼顾；三是适当安排各项工作，特别要观照对全局有决定意义的局部，集中力量办大事。

第二节　全国一盘棋制度优势的实践发展

新中国成立以来，中国共产党带领着中国人民，经过持之不懈的接续奋斗，取得了建设、改革开放、全面改革开放等不同历史时期的巨大治理成就，实现了从站起来到富起来，再到强起来的历史性飞跃。其中，坚持全国一盘棋，调动各方面积极性，集中力量办大事的显著优势发挥了极其重要的作用。纵观这一优势在实践中的体现，大体上可以分为几个时期：

第一个时期，新中国成立初期的探索。新中国成立初期，国家面临一穷二白、百废待兴的局面。党和全国人民的主要任务，就是尽快发展经济，尽快把我国从落后的农业国变为先进的工业国。

经济建设树立起全国一盘棋的思想。就是说，经济建设是一个整体，国家根据社会需要统一安排社会生产，在全国范围内统一安排全国基本建设项目。国家将有限的技术、资本和人员等资源进行集中，将钢材、水泥、木材等重要物资，优先满足重点工程的供应。抽调大批干部和工程技术人员，充实到基本建设队伍和国防建设队伍，通过强化技术培训，提高队伍技术素质等多种方式，解决建设规模与人力、财力、物力的矛盾，保证了新中国成立初期大量重点工程，包括国防工业的顺利进行和飞速发展。集中力量办大事的方针为奠定我国的大国地位做出了不可磨灭的贡献。

集中力量和全面安排相结合，促使国民经济各部门按比例发展。在重点保证军工、能源、冶金、机械制造等项目建设的同时，采取有效措施，促进交通运输业、农业和轻纺工业的增长，对中小企业的建设和现有企业的更新改造进行统筹安排。中国用数十年的时间，完成了西方国家用数百年的时间才完成的工业化的历程。

坚持全国一盘棋与发挥地方积极性相结合。新中国成立后，党中央就对发挥中央和地方两个积极性高度重视。毛泽东指出："有中央和地方两个积极性，比只有一个积极性好得多。"[①] 强调应当在巩固中央统一领导的前提下，给地方更多的独立性，让地方办更多的事情。如果中央和地方之间出现矛盾，应当按全国一盘棋原则去解决。"为了建设一个强大的社会主义国家，必须有中央的强有力的统一领导，必须有全国的统一计划和统一纪律，破坏这种必要的统一，是不允许的。"[②] 这为后来进一步理顺中央地方之间的关系奠定了良好的基础。

第二个时期，始于20世纪70年代末的改革开放时期。改革开放以来，我们党的几代领导人都重视发挥这一优良传统。

这一优势在维护中央权威的同时，注重发挥地方积极性。改革要成功，就必须有秩序有领导地进行。如果各地自行其是，不在行动上执行中央的方针、政策和决定，就不可能取得治理实效。同时，既要有体现全局利益的统一性，又要有统一指导下兼顾局部利益的灵活性。邓小平强调："调动积极性，权力下放是最主要的内容。"[③] 江泽民指出，"既要有维护国家宏观调控权的集中，又要在集中指导下赋予地方必要的权力。"[④] 胡锦涛指出，

---

① 《毛泽东著作选读》（下册），人民出版社1986年版，第729页。

② 《毛泽东著作选读》（下册），人民出版社1986年版，第730—731页。

③ 《邓小平文选》第3卷，人民出版社1993年版，第242页。

④ 中共中央文献研究室：《十四大以来重要文献选编》（中），人民出版社1997年版，第537页。

"统筹中央和地方关系，统筹个人利益和集体利益、局部利益和整体利益、当前利益和长远利益，充分调动各方面积极性。"[①]在此期间，我国先后进行了几次大的行政管理体制改革，逐步形成了适应于社会主义市场经济体制要求的行政体制，通过赋权于地方，调动了地方政府改革发展的积极性。

改革过分集中的经济体制和行政管理体制，放权让利，调动了地方、部门和企业的积极性，但也出现了诸如"上有政策、下有对策"，只顾本地方、本部门、本单位的利益，不顾全局利益，以及地方保护主义等问题。这些现象对全局工作造成很大干扰，导致应当由中央集中的结果不够集中，也不符合党的纪律的要求。对此，中央又多次明确个人必须服从组织，少数必须服从多数，下级必须服从上级，全党必须服从中央。

这一优势的发挥助推了国家重大经济、科技项目等更好更快地实施完成。这一时期，国家选择了一些对推动经济社会发展、维护国家安全、提高生产力和综合国力有重大带动作用的领域，发挥集中力量的优势，组织进行大力协同，重点攻关。如，长江三峡水利枢纽、南水北调、西煤东运新铁路通道、千万吨级钢铁基地等跨世纪特大工程在这一时期成功兴建。再如，载人航天是规模宏大、高度集成的系统工程，全国110多个研究院所、3000多个协作配套单位和几十万工作人员承担了研制、建设、试验任务。如果没有集中力量办大事的优势，不可能在较短的时间里取得这一历史性突破。

---

① 《胡锦涛文选》第3卷，人民出版社2016年版，第8页。

第三个时期，始于党的十八大以来的全面深化改革时期。党的十八大以来，依托于强有力的人民群众的支持和制度优势，我们继续发挥全国一盘棋，调动各方面积极性，集中力量办大事的优势。

更加强调发挥中央和地方两个积极性。正确处理中央和地方关系的关键，是发挥中央和地方两个积极性。习近平总书记要求充分发挥中央和地方两个积极性，强调指出，要“正确处理中央和地方、全局和局部、当前和长远的关系，正确对待利益格局调整”①。党的十八大以来，在进一步理顺中央和地方权责关系，合理划分中央和地方的事权和支出责任方面又迈出了新步伐。

促进区域协调，在协调均衡中形成整体效能。中国各地情况不同、禀赋各异，需要统筹兼顾、协调各方。“协调”是五大新发展理念中的重要内容，就是要坚持全国一盘棋，注重各个领域、各个区域之间的统筹兼顾。无论是东西部地区的对口帮扶、对口援建，还是京津冀协同发展、长江经济带发展、粤港澳大湾区建设等重大战略深入推进，都旨在发挥地区比较优势，促进区域协调发展，在协调均衡中形成整体效能。

集中力量，实现科技突破和科技创新跨越。党的十八大以来，围绕国家重大战略需求，我国集中力量攻破关键核心技术，在国产大飞机、港珠澳大桥、“蓝鲸1号”钻井平台、北斗系统、超级计算机、“天眼探空”、神舟飞天等一大批重大创新工程上取

---

① 中共中央文献研究室：《十八大以来重要文献选编》（上），中央文献出版社 2014 年版，第 544 页。

得突破，实现科技突破和科技创新跨越。这背后依托的就是集中力量办大事的优势，因为重点工程必须是全面的系统的建设和推进，是多领域的联动和集成。集中力量办大事优势在防灾救灾、脱贫攻坚、生态保护等领域也得到重要体现。

习近平总书记指出，“我们最大的优势是我国社会主义制度能够集中力量办大事。这是我们成就事业的重要法宝。”[①] 新中国成立以来，正是因为始终在党的领导下，坚持从全国一盘棋的角度考虑问题，国家统一有效组织各项事业、开展各项工作，注重调动各方面积极性，集中力量办大事，才能始终沿着正确方向稳步前进，并成功应对一系列重大风险挑战，取得巨大的治理成就。

第三节　全国一盘棋制度的主要内容和显著优势

实践证明，坚持全国一盘棋，调动各方面积极性，集中力量办大事是中国特色社会主义制度优势的突出特征，是我们的事业取得一个又一个胜利的重要基石。其主要内容和显著优势有：

第一，坚持党的集中统一领导，总揽全局，协调各方。习近平总书记强调：“在国家治理体系的大棋局中，党中央是坐镇中军帐的‘帅’，车马炮各展其长，一盘棋大局分明。党政军民学，东西南北中，党是领导一切的。”[②] 党能够根据人民群众的利益

① 《习近平谈治国理政》第 2 卷，外文出版社 2017 年版，第 273 页。

② 习近平：《在省部级主要领导干部学习贯彻党的十八届四中全会精神　全面推进依法治国专题研讨班上的讲话》，《人民日报》2015 年 2 月 2 日。

和愿望，站在全国、站在中央的高度考虑问题谋划工作，解决关系到国家长远利益和整个国计民生的重大问题。党通过党员、干部的先锋模范带头作用，带动和鼓励人民群众支持、参与国家集中力量所办的大事。

只有坚持党的集中统一领导，才能有效防止西方发达国家政治体制中的“议而不决，决而不行”的互相掣肘的局面，保证符合人民利益的决策得到贯彻执行，不因执政党的更替和争斗而拖延废止。只有坚持党的领导，才能有效地进行战略规划和社会整合，既避免“政府失灵”，又纠正“市场失灵”，极大地提高经济效率、激发社会活力。只有坚持党的集中统一领导，才能有效发挥党总揽全局、协调各方的领导核心作用，党要把主要精力放在具有方向性、全局性、战略性的问题上，从统筹全局和整体工作的原则出发，协调好各级、多方面的工作，使其相互配合，形成合力。

第二，发挥中央和地方两个积极性。我们党历来十分重视处理好中央和地方之间的关系，发挥好中央和地方的两个积极性，实质上就是如何处理好全国一盘棋和地方积极性之间的关系，也就是中央具有哪些权责、地方具有哪些权责，以及两者之间怎样分工和怎样协调的关系。这种关系，反映了整体和局部之间的既相互统一又相互制约的关系。

中央在做出重大部署、制定方针政策时，既要考虑全局利益和长远利益，也要照顾不同地区、部门的特点和利益，区别对待。地方要充分发挥各自的积极性、主动性、创造性，因地制宜地做好工作，但必须坚决维护中央的统一领导，维护中央权威，自觉维护国家的整体利益。要不断增强在大局下行动的自觉性，坚决克服有令不行、有禁不止的现象。在服从整体利益的前提下，注意照顾局部利益，在发挥地方积极性的基础上，搞好全面安排。只有把中央和地方两个积极性都发挥好，才能把中国的事情办好。

第三，依靠群众，惠及群众。在唯物史观看来，人民群众是历史的创造者。集中力量办大事要取得成功，同样离不开广大群众的参与和支持。因为集中力量办大事，本质上是依靠人民群众的智慧和力量解决事物主要矛盾的过程。社会生产关系决定了社会经济利益的内容，我国人民的利益从根本上来说具有一致性。在根本利益一致的基础上，由于有共同的理想和道德追求，当局部利益和全局利益、眼前利益和长远利益相冲突时，人们能够顾全大局，支持和参与国家的大事，使这些重大事情得到及时迅速的解决。如果没有人民群众的积极支持和广泛参与，不充分调动全体人民的主动性和创造性，根本不可能实现集中力量办大事。

我们党全心全意为人民服务，以人民为中心，始终把人民的利益作为自己工作的出发点和落脚点，为集中力量办大事奠定了扎实的群众基础，使集中力量办大事成为实施重大国家战略、实现经济快速发展、满足人民日益增长的对于美好生活向往的重要途径。

第四，坚持民主集中制。要发挥好集中力量办大事这一显著优势，必须要坚持民主集中制。民主集中制是在民主基础上的集中，在集中指导下的民主。集中力量办大事离不开民主，这是由社会主义的本质所决定的。因为社会主义是广大人民群众的事业，人民群众是这一事业的主人，必须由人民群众参与其中并进行管理，充分尊重人民群众的意见，推进决策的民主化，避免在重大决策方面出现失误。我们要清醒看到，如果只片面地讲集中力量办大事，不以科学民主决策为基础，很可能适得其反，会将大事办坏，而且可能集中的力量越大，其后果就越是严重。

集中力量办大事离不开集中。社会主义建设作为一项伟大的社会系统工程，它牵涉到各个方面，具有极大的综合性。许多重大问题必须从社会整体的高度，从社会各子系统的实际情况出发，进行前瞻性的、整体性的规划。总之，没有充分的民主，就难以激发人民群众的积极性与创造性。没有正确的集中，就不可能形成强大的合力。只有遵循民主和集中辩证统一的民主集中制，同时发挥两者的优势，才能实现集中力量办大事。

第四节　坚持和发展全国一盘棋制度优势

中国特色社会主义进入新时代，我们比历史上任何时期都更接近、更有信心和能力实现中华民族伟大复兴的目标，但这绝不是轻轻松松、敲锣打鼓就能实现的。国际形势更为严峻复杂，我国面临外部环境的不确定性因素增加，国内改革进入深水区，利益矛盾日益复杂化。面对新使命和新要求，坚持全国一盘棋，调动各方面积极性，集中力量办大事依然是我们夺取新时代伟大胜利，取得更大治理成就的重要法宝。

第一，坚定维护党中央权威和集中统一领导。在中央与地方的关系中，中央代表着全局，代表了全国人民的共同利益。相对于中央来说，省、市、县、乡等都只是一个局部。局部必须服从于全局。发挥中央和地方两个积极性，首要一条是维护党中央权威和集中统一领导。只有维护中央的权威，才能增强党的战斗力，党和国家的大政方针才能得到有效的贯彻，经济和社会生活中深层次的矛盾和问题才能逐步得到解决。这是全党全国人民的最高利益所在，也是共产党员党性原则的要求。党的纪律中重点强化政治纪律和组织纪律，并带动其他纪律都严起来，决不允许搞“上有政策、下有对策”，出现有令不行、有禁不止的情况，不允许在贯彻执行党中央决策部署上打折扣、做选择、搞变通。

第二，维护国家的法制统一、政令统一、市场统一。维护法制统一，就要坚持依法治国，自觉遵守宪法、法律和行政法规。地方性法规和政府规章的制定要与上位法相统一，使地方立法在贯彻执行国家法律法规、促进地方经济社会发展中充分发挥作用。维护政令统一，就要认真贯彻党中央大政方针，认真落实党中央、国务院重大决策部署，认真执行国务院制定的行政法规、发布的决定命令、出台的具体政策。坚决防止政出多门、各自为政，确保令行禁止、政令畅通。维护市场统一，就要充分发挥市场在资源配置中的决定性作用，更好发挥政府作用，激发人民群众和各类市场主体的创新、创造和创业活力。坚决反对地方保护主义，清理废除妨碍统一市场和公平竞争的各种规定和做法，维护全国市场体系的统一性。

第三，发挥中央和地方两个积极性，赋予地方更多自主权，支持地方创造性开展工作。发挥中央和地方两个积极性，一方面要加强中央宏观事务管理。中央层面加强宏观事务管理意味着中央将把更多精力投入那些具有全局性、战略性和基础性意义的工作上。如，加快推进重大改革举措的落地实施，统筹具有“牵一发而动全身”效应的重大基础设施建设，组织力量对重大“卡脖子”技术进行集体攻关，促进区域协调发展特别是扶持相对欠发达地区的发展，改善宏观经济调控水平，确保经济高质量发展等。

另一方面要发挥地方活力，赋予地方更多自主权，支持地方创造性开展工作。赋予地方更多自主权，就是要把直接面向基层老百姓和企业法人、由地方实施更为便捷有效的经济社会管理事项确实下放给地方，把地方切实需要也能够有效承接的事项下放给地方，增强地方治理能力。支持地方创造性开展工作，就是要把工作成效作为考核、督察、评价的根本标准，防止将必要的形式异化为形式主义，过度留痕、过多检查，真正做到为基层减负松绑；要进一步探索实施干部监督管理中的容错机制，防止出现问责泛化、随意化的情况，鼓励干部多担当多作为；支持地方围绕中央顶层设计进行差别化探索；要在改革试点的基础上，及时对试点的经验进行总结和适当推广，把地方成功的改革经验和体制机制成果在面上推开。

第四，探索建立新型举国体制，让市场在资源配置中起决定性作用，同时更好发挥政府作用，在创新跨越方面起到重大推动作用。党的十九届四中全会通过的《中共中央关于坚持和完善中国特色社会主义制度、推进国家治理体系和治理能力现代化若干重大问题的决定》再次强调要构建社会主义市场经济条件下的关键核心技术攻关新型举国体制。新型举国体制，不同于计划经济条件下的举国体制，而是适应新时代新形势，将我国集中力量办大事的制度优势与市场机制调节作用结合起来的重要变革。习近平总书记强调："要让市场在资源配置中起决定性作用，同时要更好发挥政府作用，加强统筹协调，大力开展协同创新，集中力量办大事，抓重大、抓尖端、抓基本，形成推进自主创新的强大合力。"①

我们不能因为搞中国特色社会主义市场经济，就放弃集中力量办大事的优势，而是要在改革中不断完善集中力量办大事的具体路径和工作机制。不是脱离社会主义市场经济，回到纯粹依靠国家财政投入和政府大包大揽的老路上去搞集中力量办大事，而是要坚持综合运用计划和市场两种手段，遵循市场规律、善用市场机制解决问题，注意运用市场手段聚集资源和力量，使市场在资源配置中起决定性作用。在主体上不单纯依赖公有制企业而实行多种所有制企业共同推进，在方式上综合运用规划引导、体制创新、市场配置资源、政策扶持、法治保障等手段，办成更多大事。

---

① 习近平：《在中国科学院第十七次院士大会、中国工程院第十二次院士大会上的讲话》，人民出版社 2014 年版，第 16—17 页。

这样的新型举国体制具有强大的资源整合能力，将能够在科学统筹的基础上，迅速、高效地调动各方面优势力量，聚焦于主要目标，集中进行攻坚克难。能够更好地超越局部利益、短期效益的纷争，为国家利益、长远价值谋篇布局、蓄积势能。在中国特色社会主义市场经济条件下，探索建立新型举国体制，发挥好政府与市场的共同力量，必将使举国体制在新时代发挥出更强大的创新效能。

第五，坚持和完善中国特色社会主义行政体制，按照权责一致原则，规范垂直管理体制和地方分级管理体制。规范垂直管理和地方分级管理是理顺中央地方关系的重要内容。对涉及国计民生、关系全局利益的重要领域，重在强化集中统一领导、保证政令畅通，落实宏观调控措施以及提升执法监管权威等，需要进行垂直管理。规范垂直管理，关键是把该管理的要管出成效，该放权地方的就要放权到位，该监管的要监管有效，做到垂直管理与服务地方有机结合。地方分级管理，则是在中央统一领导下，充分发挥地方各级积极性、确保各司其职、合力推动经济社会发展。规范地方分级管理，重点要强化省级规划管理、政策法规、标准规范、监督检查等职责，强化市县决策政策执行、市县域经济发展、公共服务、社会管理和行政执法监管等职责，强化乡镇（街道）社会管理、公共服务特别是综合行政执法等基层治理职责，切实解决地方各级政府事权划分不科学、职能转变不到位等突出问题。

规范垂直管理和地方分级管理，要按照权责一致原则，处理好“条”“块”关系，既避免职责交叉、事权重叠，也要防止各行其是、力量分散。一方面要继续理顺和明确权责关系，推进职能转变到位，加快形成高效率、高效能的科学运行机制；另一方面要健全信息沟通和工作协作配合机制，完善指导、协调、监督制度，共同围绕事业发展形成整体合力。[①]

---

① 楼阳生：《健全充分发挥中央和地方两个积极性体制机制》，《人民日报》2019 年 12 月 5 日。

第五章

坚持民族区域自治制度优势

党的十九届四中全会指出，“坚持各民族一律平等，铸牢中华民族共同体意识，实现共同团结奋斗、共同繁荣发展”是我国国家制度和国家治理体系的显著优势之一。中国是一个统一的多民族国家，汉族和少数民族一起构成了我们的中华民族共同体。立足我国的历史文化传统，根据现实国情，中国共产党带领中国人民探索走出了一条中国特色解决民族问题的正确道路——民族区域自治制度，与此相配套的有坚持各民族一律平等，实现共同团结奋斗、共同繁荣发展，以及筑牢民族共同体意识等制度安排。这是一条将马克思主义民族理论与中国实际相结合的特色之路，是符合人民意愿，被实践证明了的科学之路、科学之制。

第一节　民族区域自治制度的理论渊源和实践探索

作为社会主义国家，马克思主义始终是我们党和国家的指导思想。正如中国特色社会主义是科学社会主义理论与我国改革建设实践有机结合的产物一样，作为处理民族问题的基本政治制度——民族区域自治制度，同样既来源于马克思主义处理民族问题的经典理论，又发生于中国共产党人解决民族问题的实践探索。

马克思主义民族理论是民族区域自治制度的经典理论渊源。一般来讲，马克思主义民族理论是关于民族、民族问题及其政策的科学理论，是马克思主义的重要组成部分。这个理论是由马克思、恩格斯在19世纪创立，经过列宁和斯大林的继承和发展，并且由中国共产党人继续丰富发展了的。它是马克思主义科学的世界观和方法论在民族问题上的应用和反映，是我们正确对待和处理民族问题、制定民族政策的理论依据。

19世纪40—80年代，马克思、恩格斯运用辩证唯物主义和历史唯物主义创立并进一步发展和完善了马克思主义民族理论。鉴于当时的时代任务，马克思、恩格斯主要是在国际共产主义运动的背景下对民族问题进行了论述和分析。他们提出要坚持国际主义，反对资产阶级民族主义，将无产阶级的国际性和民族性结合起来，认为民族平等是马克思主义民族理论的一个基本原则。马克思、恩格斯主张，从世界范围来讲，不管是被压迫者民族还是压迫者民族，也无论先进与落后，世界上各个民族一律平等，具体到一个国家而言，国内各个民族也一律平等，在政治、经济、文化等社会生活方面享有完全平等的权利。

19世纪末20世纪初，随着世界进入帝国主义战争和无产阶级革命时代，在新的世界形势和时代背景下，在俄国进行十月革命和社会主义建设的实践过程中，列宁将马克思、恩格斯的民族理论创造性地与俄国具体实际相结合，丰富和发展了马克思主义民族理论。在指导无产阶级革命过程中，列宁指出，无论在国内还是国际斗争中，都要坚持各民族不分大小、先进和落后，一律平等，他强调，“任何民族都不应该有任何特权，各民族完全平等”①，同时要与大国沙文主义进行坚决斗争。十月革命胜利后，列宁在领导无产阶级和劳动人民进行苏维埃政权建设的过程中，也阐发了一系列关于如何处理社会主义民族问题的思想。

首先，在制定社会主义民族政策时，列宁坚持各民族在一切权利上一律平等的原则。他认为，应该在法律上明确规定，凡是居住在俄国境内的一切民族的公民在法律上一律平等，对俄国的任何一个公民，不得因为他的民族出身或祖籍而在政治权利和任何一般的权利上加以限制。同时，列宁认为，我们要求国内各民族绝对平等，要无条件地保护一切少数民族的权利，为此，就需要坚决反对大俄罗斯主义和地方民族主义。其次，为了应对国内外反革命势力的反扑和进攻，必须加强各民族的紧密团结，以捍卫和巩固苏维埃政权。1918—1920 年，面对德国、美国、英国、法国支持下的国内地主和资产阶级的联合进攻，列宁指出，如果没有各族人民的紧密团结，便不能捍卫被军事方面无比强大的世界帝国主义列强所包围的苏维埃政权的生存。② 除此之外，在建

---

① 《列宁全集》第 25 卷，人民出版社 1988 年版，第 72 页。

② 《为共产国际第二次代表大会准备的文件（1920 年 6—7 月）》，宣讲家网，http：//www.71.cn/2011/1208/652698.shtml.

立苏维埃政权之后，面对沙皇俄国遗留下来的不平衡的民族经济结构，尽快增加生产力的总量，恢复被帝国主义所破坏了的生产力，同样需要各民族紧密结盟，推动各民族经济互相支援、共同发展。最后，列宁立足于苏联实际，完善和发展了社会主义条件下的民族自决和自治理论。一方面，列宁全面阐述了马克思、恩格斯的民族自决理论，认为民族自决是一种反对民族压迫的民主权利，从政治意义上来讲，是一种独立权，即在政治上同压迫民族自由分离的权利。但另一方面，民族自决并不等于是提倡民族分裂、国家分离，而在已经建立苏维埃政权的条件下，民族分离更不是民族自决的基本要求。正是在这样的理论指导下，苏联立足于俄国十月革命前已经建立起来大量民族政权的实际情况，给予其在地区内实行自治的权利，并通过联邦制，实现了民族和国家的统一。列宁说："只有这一原则才能使加入苏维埃俄国的各民族在相互谅解和相互信任的基础上建立起兄弟般的关系。"①

列宁逝世后，斯大林在领导苏联进行社会主义建设的过程中，对马克思列宁主义的民族理论做出了新的发展。首先，斯大林坚持民族团结和平等理论，继续反对大俄罗斯民族主义和地方民族主义。苏联国内有一百多个民族，斯大林认为，"如果不将他们的力量联合起来，在被战争、武装干涉和封锁摧残了的各苏维埃共和国内进行经济建设将是一项难于承担的任务。"② 同时，

---

① 《列宁文稿》第 9 卷，人民出版社 1979 年版，第 84 页。

② 《苏联民族问题文献选编》，社会科学文献出版社 1987 年版，第 100 页。

斯大林在《马克思主义和民族问题》一文中明确指出："在一切方面（语言、学校等等）实行民族平等是解决民族问题的一个必要条件"[①]。针对苏联的具体历史情况，除了强调各民族有同等发展的权利，斯大林还指出，由于政治经济和文化的落后，各民族间还存在着历史上遗留下来的某些不平等，所以，他在《论民族问题的提法》中说，"不能只限于'民族权利平等'，必须从'民族权利平等'转到采取使各民族事实上平等的办法"[②]，强调要制定发展他们的经济、文化，并进行政治教育等实际措施。斯大林的民族政策总体上是正确的，但由于对民族问题的复杂性、长期性估计不足，在处理民族问题上存在阶级斗争扩大化和大俄罗斯主义的倾向，致使出现了较为严重的政策失误。

没有革命的理论，就没有革命的行动。"在十月革命以前，中国人不但不知道列宁、斯大林，也不知道马克思、恩格斯。十月革命一声炮响，给我们送来了马克思列宁主义。"[③] 然而，马克思主义要想在中国发挥作用，必须与中国实际相结合，当然也包括马克思主义民族理论，而中国解决民族问题的特色道路就是中国共产党人将马克思主义关于民族问题的理论和方法应用于中国实际，在实践探索中走出来的科学道路。

在进行革命、建设和改革的社会实践中，中国共产党人继承了马克思、恩格斯、列宁和斯大林的民族理论，同时结合中国实

---

① 王希恩：《马克思恩格斯列宁斯大林论民族》，中国社会科学出版社 2013 年版，第 82 页。

② 王希恩：《马克思恩格斯列宁斯大林论民族》，中国社会科学出版社 2013 年版，第 90 页。

③ 《毛泽东选集》第 4 卷，人民出版社 1991 年版，第 1470—1471 页。

际进行了创造性发展。自中国共产党成立之日起就一直主张各民族一律平等，1931 年，中华苏维埃第一次全国代表大会通过的《中华苏维埃共和国宪法大纲》明确规定："在苏维埃政权领域内的工人、农民、红军士兵及一切劳苦民众和他们的家属，不分男女种族（汉、满、蒙、回、藏、苗、黎和中国的台湾、高丽、安南人等）宗教，在苏维埃法律面前一律平等，皆为苏维埃共和国的公民。"① 1949 年 9 月召开的中国人民政治协商会议通过的《共同纲领》也明确规定："中华人民共和国境内各民族一律平等，实行团结互助，反对帝国主义和各民族内部的人民公敌，使中华人民共和国成为各民族友爱合作的大家庭。反对大民族主义和狭隘民族主义，禁止民族间的歧视、压迫和分裂各民族团结的行为。"② 这些民族理论原则不仅体现在文献和法律的制定上，更落实在了处理民族问题的实际行动中。在划定民族识别的工作中，毛泽东认为，应该把我国境内具有自己特征的族体，不论它们处在什么发展水平和社会发展阶段，不论其居住区域大小和人口多少，都承认其为"民族"。1953 年中共中央在讨论《关于过去几年内党在少数民族中进行工作的主要经验总结》时，毛泽东明确指出："科学的分析是可以的，但政治上不要去区分哪个是民族，哪个是部落或部族"③，这也是对马克思主义关于"民族"定位的超越性发展。同时，针对由于清政府和蒋介石统治以及帝

---

① 雷振扬：《中国特色民族政策与民族发展问题探究》，中国社会科学出版社 2016 年版，第 45 页。

② 中共中央统战部：《民族问题文献汇编》，中共中央党校出版社 1991 年版，第 170—171 页。

③ 《当代中国的民族工作》（上册），当代中国出版社 1983 年版，第 276 页。

国主义挑拨离间所造成的各民族不团结的现象，毛泽东指出，不管大小民族都要团结，中国各民族的团结应该是兄弟般的团结，为此，要反对大汉族主义和地方民族主义。

实事求是，是中国共产党的思想路线，落实到如何用马克思主义民族理论解决中国的具体民族问题上也是如此。对此，斯大林曾这样说过："如果谈到某一个国家（例如，谈到这个国家的民族纲领），那就要考虑到在同一历史时代这个国家不同于其他各国的具体特点——这就是解决民族问题的关键。"[①] 中国共产党立足我国民族问题的历史和现实情况，一切从实际出发，在实践中经历了从"民族自决"到"民族区域自治"的探索过程。

20 世纪二三十年代，在建党初期，由于受苏联影响较大，中国共产党主张以民族自决和联邦制解决中国民族问题，但随着抗日战争和解放战争的推进，毛泽东等领导人开始立足于革命实践和民族问题的具体情况，逐渐提出了适合我国国情的民族区域自治制度。从历史和现实上看，历史上，中国就是一个统一的多民族国家，各民族之间通过不断地迁徙、通婚、杂居、交流和融合，形成了多元一体的中国民族格局。现实中，在革命战争时期，尤其是在抗日战争时期，在中国共产党的号召之下，组成了最广泛的抗日民族统一战线，各个民族为了保家卫国而紧密团结在一起，地处边疆的少数民族也为抗击外敌作出了卓越贡献，故而具备了实行民族区域自治的现实条件。周恩来曾指出，"我们整个中国民族对外曾是长期受帝国主义压迫的民族，内部各民族

---

① 《斯大林选集》（上），人民出版社 1979 年版，第81 页。

在革命战争中同甘共苦地结成了战斗友谊，使我们这个民族大家庭得到了解放。我们这种内部、外部的关系，使我们不需要采取十月革命时俄国所强调的实行民族自决、允许民族分立的政策。”① 正是由于与苏联的情况不同，苏联通过联邦制实现了各民族的联合，我国则在单一制下采取了民族区域自治。对此，中华人民共和国成立前，李维汉曾做过这样的分析：“由于中国的具体历史条件，我国各民族实现平等联合不是经过民族分离和建立独立的民族国家，而是从平等联合的革命统一战线到平等联合的统一人民共和国。”② 此外，我国各民族的区域分布格局是大杂居、小聚居、交错居住，历史上，基于各民族在经济、文化等方面存在较大差异，中央政权就采取了“因俗而治”的特殊治理方式。现实中，我国各民族在语言文化、宗教信仰、风俗习惯、生活方式等方面存在明显的差异，这就意味着有必要在少数民族聚集的地方采取一定形式的自治制度使少数民族能够自主管理本民族的内部事务。综上所述，由我国民族问题的基本国情所决定的民族区域自治制度既体现了历史和现实的合理性，同时也反映了制度建构的正当性。正如周恩来所说：“我们根据我们实际情况，实事求是地实行民族区域自治，这种民族区域自治，是民族自治与区域自治的正确结合，是经济因素与政治因素的正确结合，不仅使聚居的民族能够享受到自治权利，而且使杂居的民族也能够享受到自治权利。从人口多的民族到人口少的民族，从大

① 《周恩来选集》下卷，人民出版社 1984 年版，第 259 页。

② 《李维汉选集》，人民出版社 1987 年版，第 545 页。

聚居的民族到小聚居的民族，几乎都成了相当的自治单位，充分享受了民族自治权利。这样的制度是史无前例的创举。”①

第二节　民族区域自治制度的主要内容和显著优势

《中华人民共和国宪法》规定：“中华人民共和国是全国各族人民共同缔造的统一的多民族国家”“各少数民族聚集的地方实行区域自治，设立自治机关，行使自治权。”在这一宪法原则下制定的《中华人民共和国民族区域自治法》明确了“民族区域自治是中国共产党运用马克思列宁主义解决我们民族问题的基本政策，是国家的一项基本政治制度。”② 2014年，习近平总书记在中央民族工作会议上指出：“民族区域自治是党的民族政策的源头，我们的民族政策都由此而来、依此而存。这个源头变了，根基就动摇了，在民族理论、民族政策、民族关系等问题上就会产生多米诺效应。”③ 因此，在处理我国的民族问题时，就要求我们始终坚持民族区域自治制度，并以此为根本和依据，制定处理民族问题的原则和政策。

总体来讲，民族区域自治制度，是指在国家统一领导下，各少数民族聚居的地方实行区域自治，设立自治机关，行使自治权的制度。这就是说，民族区域自治是在中华人民共和国之内，在

---

① 郝时远：《中国特色解决民族问题之路》，中国社会科学出版社2016年版，第149页。

② 郝时远：《中国特色解决民族问题之路》，中国社会科学出版社2016年版，第132页。

③ 《中央民族工作会议暨国务院第六次全国民族团结进步表彰大会在北京举行》，《人民日报》2014年9月30日。

中国共产党和中央人民政府统一领导之下，以少数民族聚居区为基础的区域自治。其实质是在多民族并存的统一的社会主义国家内，保证少数民族平等地位，保证各少数民族管理本民族内部地方性事务的权利，保证各少数民族根据自己的政治、经济、文化特点，发展经济文化事业，促进各民族共同繁荣发展，维护国家统一和民族团结。其中，坚持平等团结，保障各少数民族的合法权益，实现共同繁荣，是实行民族区域自治制度的政策主题和核心内容。

第一，我国的民族区域自治制度始终坚持各民族一律平等的制度前提。正是基于对各民族一律平等理念的坚持和践行，我国在少数民族聚居的区域设立了自治地方，我国的民族自治地方有自治区、自治州、自治县。目前，我国共建立了155个民族自治地方，包括5个自治区、30个自治州、120个自治县，民族自治地方的面积占国土面积的64％，民族自治地方人口占全国人口的13％，实行区域自治的少数民族占全国少数人口的75％。[①] 除此之外，我国还设立了民族乡（镇），使居住在本民族自治地方以外或未实行区域自治的少数民族，也能享有平等管理本民族内部事务的自主权。除了保证各民族在法律上、政治生活上享有平等权利，民族区域自治制度同样尊重少数民族在经济生活、文化教育、风俗习惯和宗教信仰等方面的平等权利。

第二，在强调各民族一律平等的基础之上，民族区域自治制

① 国家民族事务委员会研究室：《中国共产党民族工作九十年》，民族出版社2011年版，第168页。

度强调要注意和加强各民族的紧密团结。古今中外各国处理民族问题的经验教训表明，民族团结则国家统一，政通人和，民族纷争则国家分裂，人民遭殃。无论是在革命战争年代还是在社会主义初级阶段，都必须注意加强民族团结。党的十二大报告鲜明指出："民族团结、民族平等和各民族的共同繁荣，对于我国这个多民族国家来说，是一个关系到国家命运的重大问题。"1981 年党中央在讨论新疆民族关系问题时提出："汉族离不开少数民族，少数民族离不开汉族"，指出了汉族和少数民族在政治、经济等各方面的相互依赖性，强调了汉族和少数民族的团结。1990 年 9 月，江泽民在新疆讲话时指出："汉族离不开少数民族，少数民族离不开汉族，少数民族之间也相互离不开。"更加全面地阐述了加强各民族紧密联系和团结的重要性。

第三，实行民族区域自治制度更要求立足少数民族实际情况，大力推动少数民族经济、文化和社会发展，实现各民族共同繁荣。1957 年，周恩来曾指出："建设社会主义工业化的国家，是任何民族都不能例外的。……我们的社会主义国家，是所有的兄弟民族地区、区域自治的地区都现代化。"① 对此，邓小平也强调："实行民族区域自治，不把经济搞好，那个自治就是空的。"② 随后，在建设现代化的进程中我们强调，少数民族和民族地区的经济发展，直接关系到我国现代化建设目标的顺利实

① 中共中央文献研究室、中共新疆维吾尔自治区委员会：《新疆工作文献选编（1949—2010）》，中央文献出版社 2010 年版，第 197 页。

② 《邓小平文选》第 1 卷，人民出版社 1994 年版，第 167 页。

现。[1] 2003 年 3 月胡锦涛在参加全国政协十届一次会议少数民族界委员联组讨论时指出："实现全面建设小康社会宏伟目标，就是要更好实现各民族共同繁荣发展。实现各民族共同繁荣发展，需要各民族共同团结奋斗。共同团结奋斗，共同繁荣发展，这就是我们新世纪新阶段民族工作的主题。"[2]

新中国成立以来的实践证明，我国采取的民族区域自治制度发挥了巨大的制度优越性和现实说服力。1987 年，邓小平在会见匈牙利领导人卡达尔时说，解决民族问题"中国采取的不是民族共和国联邦制，而是民族区域自治制度。我们认为这个制度比较好，适合中国的情况。我们有很多优越的东西，这是我们社会制度的优势，不能放弃"[3]。2014 年，习近平总书记在中央民族工作会议的讲话中也指出："实践证明，民族区域自治制度符合我国国情，在维护国家统一、领土完整、在加强民族平等团结、促进民族地区发展、增强中华民族凝聚力等方面都起到了重要作用。"[4] 这表明，民族区域自治制度具有显著的制度优势。

一是实行民族区域自治制度有力地维护了国家统一、领土完整。民族区域自治制度在制度设计上把各民族的具体利益和国家的整体利益结合在了一起，在保障民族自治地方的自治权的同时，更保证了国家的统一。《中华人民共和国宪法》规定："各民

---

① 国家民族事务委员会、中共中央文献研究室：《民族工作文献选编（一九九〇——二〇〇二年）》，中央文献出版社 2003 年版，第 30 页。

② 国家民族事务委员会研究室：《中国共产党民族工作九十年》，民族出版社 2011 年版，第 205 页。

③ 《邓小平文选》第 3 卷，人民出版社 1993 年版，第 257 页。

④ 《中央民族工作会议暨国务院第六次全国民族团结进步表彰大会在北京举行》，《人民日报》2014 年 9 月 30 日。

族自治地方都是中华人民共和国不可分离的部分。”民族区域自治在强调尊重各少数民族平等权利的基础上，有效化解了历史上存在的民族矛盾，协调了各民族间的关系，增强了各族人民对中华人民共和国和中华民族的认同感和归属感，从而保证了国家统一、领土完整、边疆稳定和社会安定。20 世纪 80 年代末 90 年代初，苏东剧变引发了世界上第三次民族化浪潮，一些国际敌对势力利用西藏、新疆等民族问题，打着宗教、人权等幌子对我国图谋实施分化和西化。在中国共产党的坚强领导下，依靠民族区域自治制度，我国经受住了严峻考验，各民族同呼吸、共命运，共同捍卫了祖国统一。

二是实行民族区域自治制度加强了民族平等团结，促进了民族地区发展。民族区域自治一方面真正保障了少数民族当家做主的权利，另一方面，又对发展相对落后、人口较少的民族给予发展权益上的特殊照顾，真正形成了平等、团结、互助的社会主义民族关系，实现了各民族的空前团结。周恩来指出：“我们采取民族区域自治政策，是为了经过民族合作、民族互助，求得共同的发展、共同的繁荣。”[①] 一方面，实行民族区域自治制度，出发点和落脚点就是通过推动少数民族和民族地区发展，实现各民族共同发展。另一方面，自实行民族区域自治制度以来，通过对口支援、沿边开放、西部大开发、扶贫攻坚等重大战略举措，使少数民族和民族地区经济社会取得了巨大发展，基础设施得到了

---

① 国家民族事务委员会：《中国共产党关于民族问题的基本观点和政策》，民族出版社 2002 年版，第 247—248 页。

普遍改善，教育科学文化素质得到了全面提升，为实现各民族共同繁荣打下了坚实基础。

三是实行民族区域自治制度有效地增强了中华民族凝聚力。我国是一个多民族国家，多元一体的民族格局是中华民族的显著特色，也是我国发展的一大有利因素。在我国五千多年文明发展史上，曾经有许多民族登上过历史舞台。这些民族经过诞育、分化、交融，最终形成了今天的56个民族。各民族共同开发了祖国的锦绣河山、广袤疆域，共同创造了悠久的中国历史、灿烂的中华文化。秦汉雄风、盛唐气象、康乾盛世，是各民族共同铸就的辉煌。可以说，多民族的大一统，各民族多元一体，是老祖宗留给我们的一笔重要财富，也是我们国家的一个重要优势。[①] 通过民族区域自治制度，进一步强化了我们国家的这个优势，在强调民族团结和国家统一这个各民族最高利益的基础上，能够最大限度地把各族人民的智慧和力量凝聚起来，从而为进行国家的现代化建设、实现中华民族伟大复兴的中国梦而凝心聚力，共同奋斗！

第三节　坚持和完善民族区域自治制度

2019年9月27日，习近平总书记在全国民族团结进步表彰大会上指出："我们党创造性地把马克思主义民族理论同中国民

---

① 《全面贯彻党的民族政策和宗教政策》，中国共产党新闻网，http：//theory.people.com.cn/n1/2018/0103/c416126-29743063.html.

族问题具体实际相结合，走出一条中国特色解决民族问题的正确道路，确立了党的民族理论和民族政策，把民族平等作为立国的根本原则之一，确立了民族区域自治制度”①。正是基于我们准确把握了统一的多民族国家的基本国情，坚持了马克思主义民族理论中国化，民族区域自治制度才获得了坚实的现实根基和科学保证。自新中国成立以来，我们始终强调要坚持和完善民族区域自治制度，1997 年党的十五大把民族区域自治制度确立为我们必须长期坚持的基本政治制度，随着时代发展和民族工作的推进，我们必须坚定不移走中国特色解决民族问题的正确道路，坚持和完善民族区域自治制度，坚持在继承中发展、在发展中创新，使党的民族政策既一脉相承又与时俱进。②

2014 年，在中央民族工作会议暨国务院第六次全国民族团结进步表彰大会上，习近平总书记概括了我国民族工作面临的“五个并存”，即“改革开放和社会主义市场经济带来的机遇和挑战并存”“民族地区经济加快发展势头和发展水平低并存”“国家对民族地区支持力度加大和民族地区基本公共服务能力建设依旧薄弱并存”“各民族交往交流交融的趋势增强和涉及民族因素的矛盾纠纷上升并存”“反对民族分裂、宗教极端、暴力恐怖斗争成效显著和局部地区暴力恐怖活动活跃多发并存”③。这是对新

---

① 《习近平：在全国民族团结进步表彰大会上的讲话》，新华网，http://www.xinhuanet.com/politics/leaders/2019-09/27/c_1125049000.htm.

② 《习近平：在全国民族团结进步表彰大会上的讲话》，新华网，http://www.xinhuanet.com/politics/leaders/2019-09/27/c_1125049000.htm.

③ 《中央民族工作会议暨国务院第六次全国民族团结进步表彰大会在北京举行》，《人民日报》2014 年 9 月 30 日。

时代我国民族工作的辩证总结，它一方面显示了目前我国民族工作已经取得的巨大成就，体现了民族区域自治制度的优越性，另一方面也显示了现时期我国民族工作中存在的旧问题和新挑战并存的叠加态势，客观上为我们坚持和完善民族区域自治制度提供了问题导向指引。为此，坚持和完善民族区域自治制度，必须按照党的十八大以来尤其是党的十九大和党的十九届四中全会的战略部署，做好以下工作：

第一，坚持各民族一律平等，坚持各民族共同团结奋斗、共同繁荣发展。坚持和完善民族区域自治制度，要牢牢把握各民族一律平等的根本遵循。习近平总书记指出，中华民族和各民族的关系，是一个大家庭和家庭成员的关系，各民族的关系是一个大家庭里不同成员的关系。[①] 这就意味着各个家庭成员之间即各个民族之间是平等的关系，同时，各个家庭成员之间又是团结的，要像石榴籽一样紧紧抱在一起，就像习近平总书记反复强调的那样，建设全面小康社会，一个民族都不能少。我们会继续制定并落实支持、鼓励各少数民族经济文化社会发展的政策规定，使各个民族都能够在实现中华民族伟大复兴的历史征程中共同团结奋斗、实现共同繁荣！

第二，保证民族自治地方依法行使自治权，保障少数民族合法权益，巩固和发展平等团结互助和谐的社会主义民族关系。新时代的背景之下，我们会继续贯彻落实《中华人民共和国宪法》

① 《中央民族工作会议暨国务院第六次全国民族团结进步表彰大会在北京举行》，《人民日报》2014 年 9 月 30 日。

和《中华人民共和国民族区域自治法》，制定各项配套制度和政策，在现实层面保障各民族地方的自治权和各民族人民的政治、经济、文化、风俗习惯、宗教信仰等合法权益，进一步巩固和发展平等团结互助和谐的社会主义民族关系。特别是随着城镇化的快速发展，各民族同胞越来越多的涌向城市，城镇人口治理问题变得越发突出。习近平总书记强调，要重视做好城市民族工作，对少数民族流动人口不能采取“关门主义”的态度，也不能采取放任自流的态度，而是要持欢迎的心态。[①] 同时，要通过建立相互嵌入式社会结构和社区环境，促进各民族群众相互了解、相互尊重、相互包容、相互欣赏、相互学习、相互帮助。[②]

第三，坚持不懈开展马克思主义祖国观、民族观、文化观、历史观宣传教育，打牢中华民族共同体思想基础。在 2014 年中央民族工作会议上，习近平总书记指出：“加强中华民族大团结，长远和根本的是增强文化认同，建设各民族共有精神家园，积极培养中华民族共同体意识”[③]，正式提出了“中华民族共同体意识”这个概念。可以说，这是对我国各民族在历史长河和革命建设岁月中形成的分布上的交错杂居、文化上的兼收并蓄、经济上的相互依存、情感上的相互亲近，你中有我、我中有你、谁也离不开谁的多元一体格局的升华性定位和判断。新时代，遵照党的

---

① 《习近平的民族观》，新华网，http：//www. xinhuanet. com/politics/2015-08/24/c _ 128160466 _ 3. htm.

② 《习近平：民族团结重在交心　要将心比心以心换心》，央视网 http：//news. cntv. cn/2015/10/01/ARTI1443669804438142. shtml.

③ 《中央民族工作会议暨国务院第六次全国民族团结进步表彰大会在北京举行》，《人民日报》2014 年 9 月 30 日。

十九大和十九届四中全会的战略部署，我们会继续全面贯彻党的民族政策，深化民族团结教育，开展马克思主义祖国观、民族观、文化观、历史观宣传教育，增进各族群众对伟大祖国、中华民族、中华文化、中国共产党和中国特色社会主义的认同，铸牢中华民族共同体意识，巩固我们的共同思想基础。

第四，全面深入持久开展民族团结进步创建，加强各民族交往交流交融，支持和帮助民族地区加快发展，不断提高各族群众生活水平。增进民族团结进步是我们处理民族问题的重要方面，自 1988 年以来，我国已经召开了七次民族团结进步表彰大会，充分体现了对民族团结进步问题的重视。习近平总书记多次强调："做好民族工作，最关键的是搞好民族团结，最管用的是争取人心"[①]，2015 年，习近平总书记在会见全国基层民族团结代表时指出，"船的力量在帆上，人的力量在心上。做民族团结重在交心，要将心比心、以心换心。大家要行动起来，一起做交流、培养、融洽感情的工作。"[②] 这就要在团结的基础上加强各民族经济、文化、生活中的交往交流和交融。此外，发展是解决民族地区各种问题的总钥匙，要做好民族工作，必须支持和帮助民族地区加快发展，解决各民族各区域间的发展不平衡不充分问题，不断提高各民族群众生活水平，才能为解决我国的民族问题提供坚实和可靠的物质基础。

---

① 《习近平春节前夕赴内蒙古调研看望慰问各族干部群众向全国各族人民致以新春祝福》，《人民日报》2014 年 1 月 30 日。

② 国家民族事务委员会：《中央民族工作会议精神学习辅导读本》，民族出版社 2015 年版，第 301 页。

第六章

坚持社会主义基本经济制度优势

党的十九届四中全会指出，“坚持公有制为主体、多种所有制经济共同发展和按劳分配为主体、多种分配方式并存，把社会主义制度和市场经济有机结合起来，不断解放和发展社会生产力”是我国国家制度和国家治理体系的显著优势之一。这一总结是对社会主义基本经济制度做出的新概括，是我们党把马克思主义基本原理和中国国情紧密结合，对社会主义基本经济制度认识不断深化的重要产物，既体现了社会主义制度的优势，又同社会主义初级阶段社会生产力发展水平相适应，是我们党和人民的伟大创造。

第一节　社会主义基本经济制度的科学内涵

我们党和国家的重大决策，都有其理论根据和经验借鉴，社会主义基本经济制度的确立和形成也并非无源之水、无本之木，而是立足中国实际，以马克思主义科学理论为根据，积极吸收借鉴国外经验教训形成的。在理论与实际的结合中符合我国国情的社会主义基本经济制度正日臻成熟。

第一，社会主义基本经济制度的马克思主义理论依据。马克思主义经典作家关于社会主义基本经济制度的思想是确立我国社会主义基本经济制度制定的重要理论依据。马克思深入分析资本主义的剥削本性，揭示出资本主义经济制度的弊病，在对其进行剖析批判的基础上阐释了社会主义经济制度的特征和优越性，形成了关于社会主义基本经济制度的思想。

马克思明确指出，“在无产阶级的占有制下，许多生产工具必定归属于每一个个人，而财产则归属于全体个人”[①]，建立在生产资料公有制基础上的社会主义制度将消灭资本主义私有制的弊病，其以财产共有代替了私有财产，彻底击溃了资本主义社会的合法化，进而以联合取代资本主义竞争。由此，恩格斯进一步指出：“废除私有制甚至是工业发展必然引起的改造整个社会制度的最简明扼要的概括。所以共产主义者完全正确地强调废除私有制是自己的主要要求。”[②] 可以看出，马克思恩格斯将生产资料全社会公有作为社会主义社会经济制度，而这种单一的公有制是以资本主义生产社会化为基础，是在高度发达的生产力基础上建立起来的基本经济制度。

列宁在阐释公有制作用及其地位的同时还特别强调：“新经

---

① 《马克思恩格斯选集》第 1 卷，人民出版社 1995 年版，第 129 页。
② 《马克思恩格斯选集》第 1 卷，人民出版社 1995 年版，第 237—238 页。

济政策容许建设中的社会主义同力图复活的资本主义，在通过市场来满足千百万农民需要的基础上实行经济竞赛”[①]。这表明列宁认为社会主义社会中不仅存在公有制经济而且也可以发展非公有制经济，二者在一定条件下可以共同发展，在坚持公有制为主体的同时允许发展非公有制经济，在一定程度上已然是列宁基本经济制度思想的主要观点。

对于经济制度和基本经济制度的分析，在马克思、恩格斯、列宁以后，还有许多马克思主义经典作家进行了研究。总体来说，按照马克思主义政治经济学的基本原理，经济制度是一定社会现实生产关系的总和或经济关系的制度化。经济制度实质是一定社会生产关系的本质规定和制度化，其核心内容是生产资料所有制性质以及由此决定的生产、流通、分配、消费性质及其相互关系，反映着特定的社会经济条件下相关经济活动者之间的利益关系及其格局，不是一成不变、固化的定式，也有一个从量变到质变的变化发展过程。其中，基本经济制度反映特定社会经济制度的内在属性，是指任何一个国家或地区与前社会相区别的根本特征或根本标志，是作为与前社会性质根本不同的生产资料所有制和由此决定的生产、流通、分配、消费性质及其相互之间的关系等核心内容的制度性本质规定，其具有一定社会的一般性和稳定性。

第二，基本经济制度内涵的基本界定。从马克思主义政治经济学理论出发，经济制度及其相关概念名词都应有明确的内涵界定。

① 《列宁选集》第4卷，人民出版社1995年版，第582页。

“经济制度”就是关于社会经济生活的制度。经济制度这个概念，主要有两种含义：一是关于各种经济成分的地位及其相互关系的制度，二是关于经济活动的制度，如按劳分配为主、多种分配方式并存的分配制度以及经济管理制度、经济责任制度、现代企业制度等。

“经济体制”，是经济体系和经济机制的综合。“经济体系”指一定社会的经济生活中由各种经济成分、各种经济单位和经济生活中的个人所构成的整体。“经济机制”，也称经济运行机制，就是各经济主体之间的相互作用，即各种经济成分、经济单位、经济生活中的个人的相互作用。这种相互作用的状况，决定着社会经济的性质和发展水平。

“基本经济制度”，是在全部经济制度中具有根本性和决定意义的经济制度。这个经济制度，决定着整个或全部经济制度的性质。其他各种经济制度乃至经济运行机制，或是这个经济制度的要求，或是这个经济制度的表现形式。或者说，都是由这个经济制度派生出来的。这个基本经济制度，就是或只能是关于各种经济成分的地位及其相互关系的制度。一个国家、一个社会实行什么样的基本的经济制度，决定着全部经济制度或整个经济制度的性质，其他各种经济制度乃至经济运行机制都是这个基本经济制度的要求或表现形式。

“社会主义基本经济制度”，邓小平在党的十二大开幕词中鲜明指出，“把马克思主义的普遍真理同我国的具体实际结合起来，走自己的道路，建设有中国特色的社会主义。”[①] 关于什么是社会主义，邓小平明确指出：“社会主义的本质，是解放生产力，发展生产力，消灭剥削，消除两极分化，最终达到共同富裕。”[②] 而且明确讲“计划经济不等于社会主义”“过去搞平均主义，吃‘大锅饭’，实际上是共同落后，共同贫穷”“贫穷不是社会主义”。新中国成立 70 年特别是改革开放 40 多年来，我们党立足中国实际不断进行理论创新。党的十九届四中全会将“公有制为主体、多种所有制经济共同发展，按劳分配为主体、多种分配方式并存，社会主义市场经济体制”确立为社会主义基本经济制度，是我们党理论创新的重要成果，为推动经济高质量发展、建设现代化经济体系提供了坚实的理论支撑。

第三，社会主义基本经济制度的内在关系。“所有制＋分配制度＋经济运行制度”三位一体的中国特色社会主义基本经济制度框架，反映了三项基本经济制度相互联系、相互促进的关系。

分配制度必须顺应作为基本经济制度基础的所有制制度。所有制制度是分配制度的基础，按劳分配为主体，多种分配方式并存的制度承认各种生产要素对生产力发展和社会财富的创造所起的积极作用，依据作用大小给予生产要素所有者相应的报酬，能够使社会成员对社会的贡献与自身利益紧密捆绑在一起，有利于调动积极性，不断提高效率，促进生产力发展，是对所有制基础的有力保障。

---

① 《邓小平文选》第 3 卷，人民出版社 1993 年版，第 3 页。

② 《邓小平文选》第 3 卷，人民出版社 1993 年版，第 373 页。

社会主义市场经济体制与所有制制度的结合是生产力和社会分工发展到一定阶段的必然结果。在社会主义市场经济条件下，伴随着生产力升级社会分工更加细化，经济结构已经具备了与马克思当年所观察的传统资本主义截然不同的特征，公有制与其他所有制形式承担着不尽相同但又不可或缺的重要职能。公有制的主体地位，决定了劳动者成为生产资料和生产过程的主人，能够为实现共同的社会生产目的服务，同时生产力的发展也能更好地满足劳动者各种需要，表明这种市场经济具有社会主义性质；而其他多种所有制经济在服从公有制这一个“主体”的同时，充分发挥了稳定增长、促进创新、增加就业、改善民生的重要作用。

分配制度在保障社会主义公平性基础上，能够实现社会主义市场经济体制作用下的高效率。在社会主义市场经济体制下，生产要素所有权被普遍承认和依法保护，有利于充分调动资本、技术、管理、劳动、信息、数据等生产要素所有者的积极性、创造力，不断地解放和发展社会主义生产力，有效提高经济效率和效能；在实行按劳分配的同时实行按要素分配，使劳动者与资本、技术等生产要素呈现竞争与合作的关系，能激励劳动者努力提高技术水平和改进劳动质量，有效增强劳动者对资本、技术等生产要素的驾驭能力，这样总收益中用于按劳分配的份额便大大增加，实现了效率和公平的兼顾。

第二节 中国特色社会主义基本经济制度的实践探索

改革开放以来，我们党深刻总结经验教训，从我国社会主义初级阶段的基本国情出发，围绕坚持和完善基本经济制度，在理论和实践上进行了一系列探索和实践，推动了基本经济制度的形成和发展。

第一，毫不动摇巩固和发展公有制经济，毫不动摇鼓励、支持、引导非公有制经济发展。改革开放以来，我国基本经济制度的探索和确立经历了漫长而曲折的过程：

第一阶段，从 1978 年到 1992 年，单一公有制的弊端不断暴露，以公有制为主体、多种所有制为补充的所有制结构开始登上历史舞台。党的十二届三中全会，明确非公有制经济在发展生产、改善生活、扩大就业等方面，具有公有制经济“不可替代的作用”。党的十三大提出“私营经济一定程度的发展有利于促进生产，活跃市场，扩大就业，更好地满足人民多方面的生活需求，是公有制经济必要的和有益的补充”。至此，私营经济仍然处于“公有制经济的补充”的范围内审慎发展阶段，不致影响到“公有制为主体，国有制为主导”地位的稳固。

第二阶段，从 1992 年到 2002 年，我们党创新性提出了以公有制为主体、多种所有制经济共同发展的社会主义初级阶段的基本经济制度。党的十四大提出，在我国社会主义初级阶段，必须“以公有制包括全民所有制和集体所有制经济为主体，个体经济、私营经济、外资经济为补充，多种经济成分长期共同发展”。党的十四届三中全会提出，“建立现代企业制度，是发展社会化大生产和市场经济的必然要求，是国有企业改革的方向”，并对公有制企业改革的目标、方向和步骤、方法都作了规范，加快促成了基本经济制度的形成。党的十五大提出，“建立有中国特色的社会主义经济”，就是要“坚持和完善社会主义公有制为主体、多种所有制经济共同发展的基本经济制度”“非公有制经济是我国社会主义市场经济的重要组成部分”“对个体、私营等非公有制经济要继续鼓励、引导，促使它们健康发展”。至此，标志着我国公有制和非公有制的关系基本确定。

第三阶段，从 2002 年到 2012 年，第一次提出“两个毫不动摇”，强调保障公有制的主体地位，提出发展混合所有制经济，并指出股份制是公有制的主要实现形式，为非公有制经济的发展提供了更多的政策支持和扩大了准入空间。党的十六大首次提出“两个毫不动摇”，是我们党对多年来坚持和发展基本经济制度成功经验的高度概括。党的十六届三中全会，在基本经济制度理论上实现了新突破，提出“大力发展国有资本、集体资本和非公有资本等参股的混合所有制经济，实现投资主体多元化，使股份制成为公有制的主要实现形式”“大力发展和积极引导非公有制经济”“建立归属清晰、权责明确、保护严格、流转顺畅的现代产权制度”等。党的十七大提出，“深化国有企业公司制股份制改革，健全现代企业制度，优化国有经济布局，增强国有经济活力、控制力、影响力”“以现代产权制度为基础，发展混合所有制经济”。至此，以公有制为主体、多种所有制共同发展的社会主义基本经济制度日趋完善。

第四阶段，从 2013 年至今，所有制理论不断深化和完善，在“两个毫不动摇”的基础上进一步提出，“保证各种所有制经济依法平等使用生产要素、公平参与市场竞争、同等受到法律保护”，强调以公有制为主体、多种所有制经济共同发展的基本经济制度，是中国特色社会主义制度的重要支柱，也是社会主义市场经济体制的根基。党的十八届三中全会提出：“公有制为主体、多种所有制经济共同发展的基本经济制度，是中国特色社会主义制度的重要支柱，也是社会主义市场经济体制的根基。公有制经济和非公有制经济都是社会主义市场经济的重要组成部分，公有制经济和非公有制经济都是我国经济社会发展的基础。”“两个都是”的提出，丰富了“两个毫不动摇”，进一步完善了社会主义基本经济制度理论。期间，还提出了“国有资本、集体资本、非公有资本等交叉持股、相互融合的混合所有制经济，是基本经济制度的重要实现形式”。“允许更多国有经济和其他所有制经济发展成为混合所有制经济。”混合所有制经济成为完善社会主义基本经济制度的目标模式。

第二，坚持按劳分配为主体、多种分配方式并存。改革开放以来，伴随着我国所有制经济制度的历史演进，分配制度也随之变迁，主要经历了四个阶段：

第一阶段，从 1978 年到 1992 年，以打破平均主义为突破口，重新确立了按劳分配原则，否定了收入分配体制的高度集中和平均主义的分配方式。同时，肯定了其他分配方式的合法存在，但是这一时期的其他分配方式仍然处于补充地位。党的十三大提出，要在以按劳分配为主体的前提下实行多种分配方式。按劳分配为主体与公有制经济为主体相适应，体现了社会主义公有制的经济关系和社会主义劳动性质的客观要求；多种分配方式并存与多种所有制经济共同发展相适应，体现了社会主义市场经济的经济关系和社会主义市场经济的客观要求。

第二阶段，从 1992 年到 2002 年，为适应其他经济成分快速发展的现状，在实行坚持按劳分配为主体、多种分配方式并存的分配制度的同时，提出了“把按劳分配和按生产要素分配结合起来”的分配政策，为生产要素在社会主义市场经济条件下参与收入分配提供了政策支持。党的十四大提出，在分配制度上，以按劳分配为主体，其他分配方式为补充，兼顾效率与公平。运用包括市场在内的各种调节手段，既鼓励先进，合理拉开收入差距，又防止两极分化，逐步实现共同富裕。随着改革开放的不断深入发展，社会主义经济发展实践也在赋予“按劳分配为主体的多种分配方式并存”以新的实践成果和新的理论内涵。党的十五大强调要坚持和完善按劳分配为主体的多种分配方式，允许一部分地区和一部分人先富起来，带动和帮助后富，逐步走向共同富裕。

第三阶段，从 2002 年到 2012 年，随着社会主义市场经济体制的日趋完善，按劳分配与按生产要素分配相结合的分配政策也日益完善，明确了生产要素参与分配的原则，更加重视收入分配差距问题，逐步强调公平原则。党的十六大确立劳动、资本、技术和管理等生产要素按贡献参与分配的原则，丰富和发展了分配制度，赋予了分配制度崭新的内容，比如，坚持效率优先、兼顾公平，初次分配注重效率，再分配注重公平，规范分配秩序、合理调节过高收入，扩大中等收入比重、提高低收入者水平，等等。党的十七大除继续强调要坚持和完善按劳分配为主体、多种分配方式并存的分配制度，健全劳动、资本、技术、管理等生产要素按贡献参与分配的制度外，特别强调初次分配和再分配都要处理好效率和公平的关系，再分配要更加注重公平。这是对"初次分配注重效率，再分配注重公平"的重大调整，既体现了党对社会主义初级阶段分配制度认识的不断深化，也体现了社会主义的本质要求，是对社会主义分配制度的创新和发展。

第四阶段，从 2012 年至今，注重在提高居民收入的同时，将重视公平放在更加突出的位置，着力让人民共享改革发展成果。党的十八大进一步丰富和发展了社会主义分配制度的内容，将收入分配制度改革上升到实现发展成果由人民共享的高度。第一次明确提出"两个同步"和"两个提高"——实现居民收入增长和经济发展同步、劳动报酬增长和劳动生产率提高同步，提高居民收入在国民收入分配中的比重，提高劳动报酬在初次分配中的比重。"两个同步"和"两个提高"赋予了分配制度动态发展的特征，不仅具有顶层设计的制度规定性，也具有政策层面的指导性和操作性，充分体现了社会主义根本要求，就是共享发展，共同富裕。党的十九大在三个方面进一步丰富发展了"按劳分配为主体，多种分配方式并存"的社会主义分配制度的内容，一是要完善按要素分配的体制机制，促进收入分配更合理、更有序；二是提倡勤劳守法致富，扩大中等收入人群，增加低收入者收入，调节过高收入，取缔非法收入，把收入分配纳入法治轨道；三是通过拓宽财产性收入渠道增加居民收入。

第三，加快完善社会主义市场经济体制。改革开放以来，我们党对社会主义市场经济体制的构建是一个实践、认识、再实践、再认识的渐次式演进过程。总体上历经三个阶段：

第一阶段，从 1978 年到 1992 年，这一时期政府与市场关系实现了从“主辅论”向“层级论”的过渡，政府逐渐减少对自由市场的限制，在认识上突破了社会主义制度与商品经济不相容的传统观点，在经济运行机制上突破了计划与市场分区调节的管理模式，但这一时期并没有跳出计划经济的框架。从 1981 年中共十一届六中全会《关于建国以来党的若干历史问题的决议》中的“在公有制基础上实行计划经济，同时发挥市场调节的辅助作用”，到 1982 年《经济体制改革的总体规划》中“存在商品生产和商品交换的计划经济”，再到党的十二大报告中的“计划经济为主、市场调节为辅”，这就在原有计划经济框架内实现了一个突破，即在计划经济中允许市场调节的存在。1984 年中共十二届三中全会通过的《中共中央关于经济体制改革的决定》（以下简称《决定》）明确指出，商品经济的充分发展是社会经济发展不可逾越的阶段，并提出我国实行的计划经济是“公有制基础上的有计划的商品经济”，这一《决定》认为市场调节是在国民经济中起辅助但不可缺少的作用，并且规定市场调节的范围，即在部分农副产品、日用小商品和服务修埋行业的劳务活动。

第二阶段，从 1992 年到 2012 年，这一时期我国经济运行特征发生了根本性变革，在思想上打破了“姓社姓资”的传统认识框架，根除了将计划与市场视作两种意识形态差别的传统观念，在实践中开创了社会主义市场经济体制，实现了政府与市场的关系从体制外的分层管理转向体制内的有机结合。党的十四大明确提出，要将建立和完善社会主义市场经济体制确定为我国经济体制改革的目标，现有的经济体制改革不是对以往细枝末节的“修补”，而是具有根本性变革意义的“突破”。这是我国首次以党代会报告的形式确认了社会主义市场经济体制的改革方向。这一新提法将社会主义制度与市场经济体制结合起来，无论在中国史还是世界史上都具有开创性的意义。此后，中共十四届三中全会将此目标和基本原则进一步系统化、具体化，指出建立社会主义市场经济体制就是要“使市场在国家宏观调控下对资源配置起基础性作用”。这一关系模式一直延续至十八大报告之中，从党的十五大的“进一步发挥市场对资源配置的基础性作用”到党的十六大的“在更大程度上”、党的十七大的“从制度上更好发挥”、党的十八大的“更大程度更广范围发挥”，呈现出越来越强的市场化导向，持续释放出深化经济体制改革的信号。

第三阶段，从 2012 年至今，在深化改革中构建市场决定作用与政府更好作用的双向强化关系。完善社会主义市场经济体制的核心是处理好政府和市场的关系，突出表现为政府和市场能否相得益彰。2013 年，党的十八届三中全会明确提出要“使市场在资源配置中起决定性作用和更好发挥政府作用”，正式地提出了深化经济体制改革的新型核心关系。对此，习近平总书记指出：“党的十八届三中全会将市场在资源配置中起基础性作用修改为起决定性作用，虽然只有两字之差，但对市场作用是一个全新的定位，‘决定性作用’和‘基础性作用’这两个定位是前后衔接、继承发展的。”①

第三节　社会主义基本经济制度的主要内容和显著优势

所有制、分配制度、经济运行体制三项制度并列为社会主义基本经济制度主要内容，是习近平新时代中国特色社会主义经济思想的重要创新和发展，丰富了社会主义基本经济制度的内涵，彰显了中国特色社会主义制度优势。

第一，社会主义基本经济制度的主要内容。《中共中央关于坚持和完善中国特色社会主义制度、推进国家治理体系和治理能力现代化若干重大问题的决定》（以下简称《决定》）明确，社会主义基本经济制度的基本内涵包括所有制、分配制度、市场经济体制三大方面。《决定》对社会主义基本经济制度进行了最全面、最准确的界定和概括，为马克思主义政治经济学的发展作出了原创性贡献。

坚持公有制为主体、多种所有制经济共同发展。《决定》指出：毫不动摇巩固和发展公有制经济，毫不动摇鼓励、支持、引导非公有制经济发展。马克思的唯物史观强调，所有制关系与形式及其变迁，归根到底是由生产力发展的状况决定的。对于社会

① 李文：《为推动经济高质量发展提供制度保障》，《经济日报》2019 年 11 月 25 日。

主义初级阶段而言，社会物质生产力发展的渐进性与累积性决定了生产资料所有制更替的交错性、逐步性与长期性，也必然出现公有制和其他所有制方式长期多元并存的局面。我们坚持“两个毫不动摇”，就是要进一步明确，在社会主义初级阶段，公有经济和非公经济不仅是宏观经济结构与中观产业格局层面的共同发展、有效竞争关系，更是微观运行层面的融合发展、共生共荣关系，二者的相辅相成与相得益彰将构成我国“制度自信”的重要来源。

实践证明，公有制经济和非公有制经济二者相辅相成，相得益彰。2018 年，全国国有企业资产总额达到 210.4 万亿元，国有资本权益总额 58.7 万亿元，全国国有金融企业资产总额 264.3 万亿元，进入世界 500 强的大陆企业中国有企业占比达到 67%；与此同时，非公有制经济从小到大、由弱变强，在稳定增长、促进创新、增加就业、改善民生等方面发挥了重要作用。2018 年私营企业数量占国内生产总值的比重超过 60%，税收收入占全部税收收入的 56.8%，新增就业达到 90%，已经成为推动经济社会发展的重要力量。

坚持按劳分配为主体、多种分配方式并存。马克思指出：“所谓的分配关系，是同生产过程的历史规定的特殊社会形式，以及人们在他们生活的再生产过程中互相所处的关系相适应的，并且是由这些形式和关系产生的……分配关系不过表示生产关系的一个方面。”生产决定分配，生产资料所有制的稳定和发展必然要求分配方式的稳定和发展，迫切需要建立与社会主义初级阶段相适应的分配制度。我们坚持以按劳分配为主体多种分配方式并存，就是要承认物质利益原则和合理的收入分配差距的同时，允许和鼓励其他生产要素参与分配，最大限度激发活力，防止两极分化，逐步实现共同富裕，使人民群众共享改革发展成果。

习近平总书记高度重视收入分配差距问题，强调“‘蛋糕’不断做大了，同时还要把‘蛋糕’分好”[①]，国家在持续推进收入分配制度改革的同时，实行了一系列缩小收入差距的具体举措，人民群众收入水平普遍得到大幅提升，收入分配关系得到了一定程度的改善。统计数据显示，1978 年城镇居民可支配收入、农村人均纯收入仅为 343.4 元、133.6 元，2018 年中国城镇居民、农村居民人均可支配收入分别达到 39251 元、14617 元。我国目前收入绝对值增长态势明显，但差距仍然处于高位、合理的收入分配格局尚未形成、劳动收入占比较低的问题仍然存在，正愈发成为党和政府关注的重点议题。

加快完善社会主义市场经济体制。从经济运行机制看，社会主义基本经济制度的体现就是实现社会主义市场经济体制。从马克思“社会主义与商品经济不相容，消灭商品货币关系，实行产品经济”，到列宁“废除商品生产和商品交换在实践中走不通”，再到我们党“社会主义与市场经济的结合”，社会主义市场经济经历了从无到有、从有到优的蜕变，其中“政府和市场的关系”一直是一条主线。我们坚持和完善社会主义市场经济体制，就是

① 习近平：《切实把思想统一到党的十八届三中全会精神上来》，《人民日报》2014 年 1 月 1 日。

按照“市场机制有效、微观主体有活力、宏观调控有度”的要求，彻底清除阻碍市场在资源配置中发挥决定性作用的体制机制障碍，从而让“看不见的手”和“看得见的手”更好发挥作用。

目前，我国97%的商品实现了市场调节价格，土地、资本、劳动力、科技等重要生产要素市场化改革不断推进。政府职能加快转变，宏观调控体系不断完善，“放管服”改革成效明显，我国营商环境全球排名继2017年的第78位跃至2019年的第31位，连续入列全球优化营商环境改善幅度最大的十大经济体。但与此同时，仍存在一些束缚市场主体活力、阻碍市场和价值规律充分发挥作用的弊端，比如市场秩序不规范、生产要素市场发展滞后、市场规则不统一、市场竞争不充分等；此外，一些政府职能仍存在错位、越位、缺位现象，该放给市场和社会的权没有放足、放到位，该管的事情没有管好、管到位，都阻碍了社会主义市场经济体制的完善。

第二，社会主义基本经济制度的显著优势。社会主义基本经济制度是中国特色社会主义制度的基本制度，也是社会主义市场经济的根基，对国家治理体系和治理能力现代化有着重要影响，是新时代经济改革发展的根本遵循。党的十九届四中全会通过的《中共中央关于坚持和完善中国特色社会主义制度、推进国家治理体系和治理能力现代化若干重大问题的决定》，从13个方面指出了我国国家制度和国家治理体系的显著优势，其中就包括坚持社会主义基本经济制度的显著优势。

社会主义基本经济制度具有与时俱进的显著优势。中国共产党始终坚持解放思想、实事求是、与时俱进，始终紧跟时代步伐，不断推进社会主义基本经济制度的理论和实践创新，不断赋予社会主义基本经济制度的时代特征。改革开放以来，我们党对基本经济制度的认识，随着经济社会实践的发展而不断发展，从“私营经济是社会主义公有制经济的补充”到“公有制经济和非公有制经济都是社会主义市场经济的重要组成部分”，再到“三位一体”的社会主义基本经济制度，其变化既坚持了马克思主义政治经济学基本原理，又体现了与中国具体实际相结合的规律探索，是不断解放和发展社会生产力这一与时俱进显著优势的表现。

社会主义基本经济制度具有激发经济主体活力的显著优势。党的十九届四中全会重申坚持“毫不动摇巩固和发展公有制经济，毫不动摇鼓励、支持、引导非公有制经济发展”，既保障了我国经济发展始终沿着正确的中国特色社会主义道路向前推进，同时又充分激发了各类经济主体的活力和动力，形成了强大的经济发展内生合理，实现了积极性、创造性和主动性的全方位激活。“两个毫不动摇”，再次强调了对经济主体自主性、能动性、独立性的全方位尊重，想干事、愿干事、能干事的市场经济氛围愈加浓郁。

社会主义基本经济制度具有实现公平共享的显著优势。全心全意为人民服务是中国共产党始终牢记的根本宗旨，促进社会公平正义、增进人民福祉是我们党治国理政的根本价值取向。党的十九届四中全会坚持按劳分配为主体、多种分配方式并存，同时允许和鼓励资本、土地、知识、技术、管理和数据等生产要素按贡献参与分配，规范收入分配秩序，有力地推动了生产力的解放和发展，充分体现了社会主义基本经济制度具有实现公平共享的显著优势。其中，明确数据要素按贡献参与分配，能有效助力以“互联网＋”为联结的新经济进一步拓宽发展空间；明确土地生产要素由市场评价贡献、按贡献决定报酬的机制，必将为农业强、农村美、农民富的乡村振兴战略目标奠定更加牢固的要素基础。

社会主义基本经济制度具有推动经济高质量发展的显著优势。党的十九届四中全会强调完善社会主义市场经济体制，充分发挥市场在资源配置中的决定性作用，更好发挥政府作用，把社会主义市场经济体制上升为基本经济制度，将社会主义和市场经济的优势结合在一起，推动经济高质量发展。一方面，市场具有强大的优胜劣汰的选择功能，能够有效引导资源要素效率提升，并实现引导和激励功能；另一方面，又重视政府对市场秩序的规范，引导经济“脱虚向实”，发展先进制造业，通过建设科技创新体制机制和高水平开放型经济新体制，推动我国经济从高速度发展转向高质量发展，完成效率和动力的双重变革。

第四节　坚持和完善社会主义市场基本经济制度

在新的历史起点上，我们要坚持好、巩固好、完善好、发展好社会主义基本经济制度，推动经济高质量发展、建设现代化经济体系。

第一，坚持和完善党对经济工作领导的根本原则。党的领导，是我们做好一切工作的首要历史经验，也是基本经济制度优势转化为治理效能的根本保证。当前，我国经济正处于转变发展方式、优化经济结构、转换增长动力的攻坚期，面对复杂严峻的国内外形势，更需要坚持和完善党对经济工作的集中统一领导以推动经济高质量发展。一方面，要增强党领导经济工作的驾驭全局能力。理顺党与市场、党与政府的关系，强调发挥好党总揽全局、协调各方的核心作用。从顶层设计上制定好全局性的经济发展方针、政策，加强对全局性经济问题的把握和研究，并在此基础上支持政府更好地发挥作用。另一方面，要增强党领导经济工作的专业化能力。市场经济是法治经济，要用法治思维、法治方式做好经济工作，提高党领导经济工作的法治水平。要加强对党员干部的马克思主义政治经济学专业知识培训，提高党员干部的专业水平，优化各级党委领导班子的知识结构和专业结构，不断提高党领导经济工作的科学水平。

第二，坚持和完善"两个毫不动摇"的基本经验。"两个毫不动摇"是我们党在经济领域一项成功经验的高度概括。推动经济高质量发展，我们必须一如既往更好地坚持"两个毫不动摇"。一方面，毫不动摇巩固和发展公有制经济，切实维护公有制主体地位。通过深化国有企业改革，完善中国特色现代企业制度，做强做优做大国有企业和国有资本，在市场竞争中增强国有经济的竞争力、创新力、控制力、影响力、抗风险能力。按照"政府引导、市场运作，完善制度、保护产权，严格程序、规范操作，宜改则改、稳妥推进”的基本原则，稳妥推进混合所有制改革，进一步放大国有资本的功能。另一方面，毫不动摇鼓励、支持、引导非公有制经济发展。切实落实促进非公经济发展的政策，营造各种所有制经济依法平等使用生产要素、公平参与市场竞争、同等受到法律保护的市场环境，完善构建亲清政商关系的政策体系，改善营商环境，促进非公有制经济健康发展和非公有制经济人士健康成长。

第三，坚持和完善按劳分配为主体、多种分配方式并存的特色优势。推动经济高质量发展，必须进一步缩小收入分配差距，坚持按劳分配为主体、多种分配方式并存，促进效率和公平有机统一。在初次分配阶段，要妥善处理好坚持按劳分配与按生产要素贡献分配的关系。坚持多劳多得，着重保护劳动所得，增加劳动者特别是一线劳动者劳动报酬，提高劳动报酬在初次分配中的比重。通过健全劳动、资本、土地、知识、技术、管理和数据等生产要素按贡献参与分配的机制，规范收入分配秩序。在再分配领域，更需要彰显我国分配制度优势，增加低收入者收入，扩大中等收入群体收入，调节过高收入，形成橄榄型的收入分配结构。要健全以税收、社会保障、转移支付等为主要手段的再分配调节机制，强化税收调节，完善直接税制度并逐步提高其比重，又要完善相关制度和政策，合理调节城乡、区域、不同群体间分配关系。要重视发挥第三次分配作用，发展慈善等社会公益事业。

第四，坚持和完善社会主义市场经济体制的伟大创造。推动经济高质量发展，需要加快形成使市场在资源配置中的决定性作用，更好发挥政府作用的市场经济体制，让“看得见的手”和“看不见的手”相得益彰。一方面，进一步厘清政府与市场的边界，减少政府对微观市场主体和经济活动的干预。建设高标准的市场体系，完善公平竞争制度，全面实施市场准入负面清单，改革生产许可制度，健全破产制度。健全以公平为原则的产权保护制度，推进高标准要素市场制度和体系建设，加快建设现代化经济体系。另一方面，更好发挥政府作用，政府要加快职能转变，创新监管和服务方式，提高运行效率和管理效率，运用经济、法律、技术标准等手段引导调节经济社会活动，为市场经济发展营造良好环境。

第五，建设更高水平开放型经济新体制。建设更高水平开放型经济新体制，就是要实施更大范围、更宽领域、更深层次的全面开放。实施更大范围的开放，就是要优化对外开放的空间布局，巩固东部沿海地区开放的先导地位，完善内陆开放布局，加快自贸试验区、自由港等对外开放高地建设，形成东西南北中全方位开放新格局。大力推动共建“一带一路”高质量发展，拓展对外贸易多元化。实施更宽领域的开放，就是要大幅放宽市场准入，推动制造业、服务业、农业全产业扩大开放，加快金融、电信、教育、医疗、文化等领域开放进程，在更多领域允许外资控股或独资经营，为各国的投资者提供更大的市场机遇和发展空间。实施更深层次的开放，就是要推动贸易和投资自由化便利化，健全外商投资准入前国民待遇加负面清单管理制度，推动规则、规制、管理、标准等制度型开放。认真实施《外商投资法》，更好保护外资合法权益，促进内外资企业公平竞争，加强知识产权和企业商业秘密保护，打造市场化、法治化、国际化的优质营商环境。

第七章

坚持社会主义先进文化制度优势

党的十九届四中全会指出，“坚持共同的理想信念、价值理念、道德观念，弘扬中华优秀传统文化、革命文化、社会主义先进文化，促进全体人民在思想上精神上紧紧团结在一起”是我国国家制度和国家治理体系的显著优势之一。社会主义先进文化制度之所以有优势，就在于它有共同的理想信念作支撑，就在于它坚定中国特色社会主义文化自信。继续发挥好社会主义先进文化的制度优势，根本的前提和要求就是牢牢掌握社会主义意识形态领导权。

第一节　社会主义先进文化制度有共同的理想信念支撑

“在思想上精神上紧紧团结在一起”是社会主义先进文化制度的显著优势，这一显著优势首先得力于共同的理想信念作支撑。一个国家，一个民族，要步伐一致，共同奋进，必须有共同的理想信念作支撑。在党的十九大报告中，习近平总书记强调："建设具有强大凝聚力和引领力的社会主义意识形态，使全体人民在理想信念、价值理念、道德观念上紧紧团结在一起。"[①] 党的十九届四中全会所提到的"坚持共同的理想信念、价值理念、道德观念，弘扬中华优秀传统文化、革命文化、社会主义先进文化，促进全体人民在思想上精神上紧紧团结在一起的显著优势"，其中一个重要内容就是要"坚持共同的理想信念、价值理念、道德观念"。理想信念、价值理念、道德观念都属于意识形态范畴，是社会主义意识形态建设的三个着眼点，也是铸就共同的理想信念的三个聚焦点。

第一，聚焦"理想信念"，让其成为人们心中灯塔。习近平总书记曾指出："一个国家、一个民族，要同心同德迈向前进，必须有共同的理想信念作支撑。"[②] "革命理想高于天"[③]，理想信念是引领共产党人一往无前的政治方向，也是保证共产党人屹立于世的政治根基。必须把筑牢理想信念作为思想建设的战略任务，确保党员、干部始终保持头脑清醒、认准方向、砥砺前行。同时，"理想信念教育不仅要在党员干部中开展，而且要面向全社会开展。"[④] 因为人民有信仰，民族才有希望，国家才有力量。

---

① 习近平：《决胜全面建成小康社会　夺取新时代中国特色社会主义伟大胜利——在中国共产党第十九次全国代表大会上的报告》，人民出版社 2017 年版，第 41 页。

② 《习近平谈治国理政》第 2 卷，外文出版社 2017 年版，第 323 页。

③ 习近平：《在庆祝中国共产党成立 95 周年大会上的讲话》，人民出版社 2016 年版，第 6 页。

④ 《习近平关于全面建成小康社会论述摘编》，中央文献出版社 2016 年版，第 104 页。

要通过思想政治教育，让理想信念的明灯永远在全国各族人民心中闪亮。

第二，聚焦“价值理念”，让其成为人们内心自觉。习近平总书记曾指出：“加快构建充分反映中国特色、民族特色、时代特征的价值体系，努力抢占价值体系的制高点”[①]。历史和现实一再证明，核心价值观是一个国家的重要稳定器，尤其是社会主义核心价值观。它是精神之钙、民族之魂、梦想之舵，是在人心灵里搞建设，立物易、立心难，践行核心价值观必须在“长”“常”二字上下功夫。因此，我们要把培育和践行社会主义核心价值观，作为精神文明建设的重中之重，在落细落小落实上持续用力，抓好精神激励、抓活典型引路、抓住重点人群，形成更多亮点，打造特色品牌。

第三，聚焦“道德观念”，让其成为人们心中底线。国无德不兴，人无德不立。习近平总书记曾指出：“我们要坚持马克思主义道德观、坚持社会主义道德观，在去粗取精、去伪存真的基础上，坚持古为今用、推陈出新，努力实现中华传统美德的创造性转化、创新性发展，教育引导人们向往和追求讲道德、尊道德、守道德的生活，形成向上的力量、向善的力量，让十四亿人的每一分子都成为传播中华美德、中华文化的主体。”[②] 因此，我们必须加强道德建设，将社会主义道德观念和道德规范贯穿于社会生活方方面面，引导人们注重品德修养，纯洁生活圈、净化

① 《习近平关于全面建成小康社会论述摘编》，中央文献出版社 2016 年版，第 110 页。

② 《习近平关于全面建成小康社会论述摘编》，中央文献出版社 2016 年版，第 108—109 页。

娱乐圈、控制交往圈，守住道德底线、不碰法纪红线，用高雅生活情趣育人品、立德行、促廉洁。

第二节　社会主义先进文化制度坚定文化自信

“在思想上精神上紧紧团结在一起”是社会主义先进文化制度的显著优势，这一显著优势能否发挥，取决于我们能否有效弘扬中华优秀传统文化、革命文化、社会主义先进文化，取决于我们能否坚定中国特色社会主义文化自信。文化是一个国家、一个民族的灵魂，文化是让一个国家、一个民族凝聚起来、团结起来的根本纽带。没有高度的文化自信，不可能有人们在思想上精神上紧紧团结在一起，不可能有中华民族伟大复兴。把握社会主义先进文化制度的优势，核心在于理论上深入阐释文化自信，实践上坚定文化自信。

文化自信的底气，“源自于中华民族五千多年文明历史所孕育的中华优秀传统文化，熔铸于党领导人民在革命、建设、改革中创造的革命文化和社会主义先进文化，植根于中国特色社会主义伟大实践。”①

一是中华优秀传统文化的滋养。习近平总书记曾指出，“中华文化源远流长，博大精深，积淀着中华民族最深层的精神追求，代表着中华民族独特的精神标识，为中华民族生生不息、发

---

① 习近平：《决胜全面建成小康社会　夺取新时代中国特色社会主义伟大胜利——在中国共产党第十九次全国代表大会上的报告》，人民出版社 2017 年版，第 41 页。

展壮大提供了丰厚滋养。”[①] 中华优秀传统文化是我们民族的精神命脉，蕴含着丰富的文化基因和优秀的价值理念，是我们赖以生存和发展的根基所在。我们之所以能对中华优秀传统文化充满自信，主要在于优秀传统文化传续着中华文明永恒的价值特征和精神品格。在传承中华文化的过程中，我们既要批判性地继承中华传统价值理念，更要弘扬和发展好中华优秀传统文化；要以马克思主义为指导，以坚持与发展中国特色社会主义实践为标准，合理扬弃，转化重构；要以开放、自信、理性的态度，正确认识和对待中华传统文化，增强对中华传统文化的肯定和认同，使文化自信更加具有历史的厚度和底蕴的深度。

二是革命文化的精神传承。我们党在领导各族人民争取民族独立、民族解放的革命和社会主义建设的伟大斗争中，立足于伟大革命、建设实践，创造了鲜明独特、奋发向上的革命文化。革命文化是我们党的理想信念、优良传统和精神品格的集中表达，是我们党不忘初心、牢记使命的精神支柱，是中国精神、中国价值、中国力量的集中展示和有力彰显，是文化自信和价值观自信的重要源泉。因此，我们要把革命文化中所蕴含的精神传承下去，发扬好。一方面，要坚定革命理想信念。习近平总书记在党的十九大报告中明确指出，“中国共产党人的初心和使命，就是为中国人民谋幸福、为中华民族谋复兴。”[②] 我们要在新时代新

---

① 中共中央文献研究室：《十八大以来重要文献选编》（中），中央文献出版社 2016 年版，第 113 页。

② 习近平：《决胜全面建成小康社会　夺取新时代中国特色社会主义伟大胜利——在中国共产党第十九次全国代表大会上的报告》，人民出版社 2017 年版，第 1 页。

征程中，把实现共产主义伟大理想和中国特色社会主义共同理想作为自己孜孜不懈的奋斗目标，进一步增强社会主义意识形态的吸引力、凝聚力，为实现中华民族伟大复兴，最终实现共产主义不懈奋斗。另一方面，发扬革命优良传统。革命优良传统，是以毛泽东同志为代表的中国共产党人，在中国革命和建设的伟大实践中，将马克思主义的基本原理与中国具体实际相结合的产物，是中国精神的重要组成部分。我们要传承和弘扬革命优良传统，树立起新时代的精神丰碑，使之在新时代迸发出更强大的精神力量。此外，还要学习革命精神品格。中国共产党人领导中国人民在寻求民族独立、民族解放、人民幸福的伟大斗争中，形成了井冈山精神、长征精神、延安精神、大庆精神等革命精神品格，这些精神品格都需要我们不断学习好、传承好、发扬好。

三是社会主义先进文化的价值引领。党的十九大报告指出，决胜全面建成小康社会，夺取中国特色社会主义伟大胜利，实现中华民族伟大复兴，必须发展社会主义先进文化。社会主义先进文化是文化自信的时代内涵。新时代，坚持中国特色社会主义发展道路，努力建设和发展社会主义先进文化，推动中国特色社会主义文化繁荣兴盛，是坚定文化自信和价值观自信的时代要求。因此，我们坚持中国特色社会主义文化发展道路，要对资本主义的核心价值观加以理性辨别、批判，借鉴和汲取不同文明的优秀文化养分，以我为主、为我所用，提升和丰富自我，实现中华文化的转化再造，不断满足人们日益丰富的文化需要，形成具有中国特色、中国风格、中国气派的价值理念，不断推动中华文化繁荣兴盛，建设中国特色社会主义文化强国，最终实现中华民族文化的伟大复兴。

中华优秀传统文化是中华民族的“根”和“魂”，是最深厚的文化软实力。坚定文化自信，关键是传承弘扬中华优秀传统文化。

第一，推动中华优秀传统文化创造性转化、创新性发展。习近平总书记曾指出：“我们要以更大的力度、更实的措施加快建设社会主义文化强国，培育和践行社会主义核心价值观，推动中华优秀传统文化创造性转化、创新性发展，让中华文明的影响力、凝聚力、感召力更加充分地展示出来。”① 这一重要讲话立意高远，内涵丰富，思想深邃，催人奋进。为此，一方面，我们要让中华文化的优秀价值更有活力，关键是要坚持“三个原则”，即坚持不忘本来、古为今用，继承中华民族优秀传统文化，推动中华优秀传统文化创造性转化、创新性发展；坚持推陈出新，辩证取舍，扬弃中华传统文化消极因子；坚持创造性转化、创新性发展，创新中华民族优秀传统文化。只有这样，才能让中华优秀传统文化重新焕发勃勃生机，使其更具强大生命力和创造力，引领中华文化的前进方向，使中华文化能够更好地面向世界，开拓未来。另一方面，我们要让中华文化在各国文明交流中更有自信。当前，在当今全球化、多元化的背景之下，文明的冲突、价值理念的碰撞，此起彼伏，中华文化的发展面临诸多挑战。一些人鼓吹全盘西化，以历史虚无主义的态度否定中华文化，试图摧

① 习近平：《在第十三届全国人民代表大会第一次会议上的讲话》，人民出版社 2018 年版，第 9 页。

毁我们的文化自信，使我们陷入文化自卑的泥淖，从而实现摧毁我们的国家民族自信。越是这种时候，我们越要在思想上认识到传统文化与时代精神结合的重要性，更要在党的带领下，从文化政策、文化方针等方面，提出构建中华优秀传统文化的传承体系，从而为传统文化的发展提供空间。

第二，弘扬中华优秀传统文化要与践行社会主义核心价值观结合起来。一方面，我们要在价值引领中大力弘扬中华优秀传统文化。社会主义核心价值观基于中国特色社会主义道路的现实，实现对中华优秀传统价值的继承升华，具有社会主义的本质属性，它以本身的先进性占据着价值领域的制高点，具有强大的生命力和创造力。培育和践行社会主义核心价值观是凝魂聚气、强基固本的战略任务，对于集聚全面建成小康社会、实现中华民族伟大复兴中国梦的强大正能量，具有重要现实意义和深远历史意义。为此，我们培育和践行社会主义核心价值观必须立足中华优秀传统文化，用中华优秀传统文化涵养社会主义核心价值观，在社会中形成巨大的感召力和凝聚力，不断增强人们对国家和社会产生强烈的价值认同和归属感。实际上，用中华优秀传统文化涵养社会主义核心价值观，推动社会主义核心价值观建设，与此同时，也是推动传统文化与现实文化相融相通，与当代人的精神家园、价值世界相融相通，激活了中华优秀传统文化的当代生命力。另一方面，我们要在价值整合中大力弘扬中华优秀传统文化。抓好价值整合，既要在“去粗取精，去伪存真”中实现“推陈出新，古为今用”，推动中华传统文化基因与当代社会相适应，与现代社会相协调，促进中国特色社会主义文化的发展繁荣；也要摒除各种社会思潮、价值观念对人们各个方面的负面干扰和影响，避免人们思想上的混乱、行为上的冲突，帮助人们做出正确的价值判断和价值选择，实现对各种社会思潮、价值观念的整合，实现文化和价值认同，增强对中华优秀传统文化的自信。

岁月的流淌，抹不去文化的传承；时代的光芒，为传承增添了新的风采。历史一再告诉我们，中华文化浩若烟海、博大精深，既是中华民族生存发展的精神支撑，也是中国特色社会主义植根的文化沃土。坚定文化自信，必须要传承好弘扬好中华优秀传统文化。

第三节　坚持和完善繁荣发展社会主义先进文化制度必须牢牢掌握意识形态领导权

发展社会主义先进文化、广泛凝聚人民精神力量，是国家治理体系和治理能力现代化的深厚支撑。从制度的角度看，社会主义先进文化制度是具有显著优势的，它能促进全体人民在思想上精神上紧紧团结在一起。当然，这样的文化制度也不是尽善尽美的，它仍然要在实践中不断坚持和完善。党的十九届四中全会关于坚持和完善繁荣社会主义先进文化制度，确定了五个方面的制度安排：坚持马克思主义在意识形态领域指导地位的根本制度；坚持以社会主义核心价值观引领文化建设制度；健全人民文化权益保障制度；完善坚持正确导向的舆论引导工作机制；建立健全把社会效益放在首位、社会效益和经济效益相统一的文化创作生产体制机制。这些制度是坚持和完善繁荣社会主义先进文化制度的具体抓手，也是促进全体人民在思想上精神上紧紧团结在一起的具体制度支撑。

聚焦“牢牢掌握社会主义意识形态领导权”，一是突出坚持和完善繁荣发展社会主义先进文化制度的根本前提是坚持马克思主义在意识形态领域指导地位；二是突出说明，促进全体人民在思想上精神上紧紧团结在一起的关键是做好主流意识形态工作，凝聚共识，统一思想。“在思想上精神上紧紧团结在一起”，必须牢牢掌握社会主义意识形态领导权。在百年未有之大变局，各种社会思潮错综复杂，当前我国主流意识形态面临着诸多挑战。一是“多样化的挑战”。社会经济结构变革、利益格局调整，意识形态领域的多样化、多变性趋势增强；人们的思想观念独立性、选择性、多变性、差异性增强。一些错误社会思潮妄图挑战主流意识形态。二是“市场逐利性的挑战”。市场的消极面、市场交换原则等观念渗透到人们的精神生活中来。拜金主义、享乐主义、极端个人主义在一定范围滋长蔓延，社会主义、集体主义、爱国主义等主流价值遭遇挑战。三是“全球化的挑战”。在全球化的背景下，西方的一些文化渗透、意识形态渗透也在经济全球化、文化交流中接踵而至。外部势力对政权安全和制度安全率先发起挑战的，往往是在意识形态领域。“当前，各种敌对势力一直企图在我国制造‘颜色革命’，妄图颠覆中国共产党领导和我国社会主义制度。这是我国政权安全面临的现实危险。他们选中的一个突破口就是意识形态领域。”[①] 防止外部意识形态渗透，进而维护国家政治安全，中心环节就是牢牢把握社会主义意识形态领导权。

在思想观念多元化、价值观念功利化、西方思潮渗透显性化等背景下，凝聚共识，统一思想，促进全体人民在思想上精神上紧紧团结在一起，就特别要重视意识形态工作，牢牢掌握意识形态领导权。概括起来，牢牢掌握意识形态领导权，必须坚持领导力、创造力、吸引力、引领力和斗争力五个方面的“权力”或“力量”。

一是加强领导力。早在 1942 年 7 月，毛泽东就精辟地指出：“掌握思想领导是掌握一切领导的第一位。”[②] 党的领导地位能否实现、意识形态领导权能否牢牢把握，前提是我们党能否有效地实现对意识形态工作的“领导力”。党对意识形态工作的领导（力）主要是通过政治领导、思想领导和组织领导等完成的。党对意识形态工作的政治领导主要指以党的路线、方针、政策，指导、规定社会主义意识形态发展方向、意识形态建设的基本思路。党对意识形态工作的思想领导主要指坚持马克思主义，大力宣传和传播社会主义思想，抵制和批判错误社会思潮，让马克思主义在意识形态领域占主导地位。党对意识形态工作的组织领导主要指在各个意识形态部门建立党组织，尤其是从中央到地方逐级成立党委宣传部，宣传贯彻党的路线、方针、政策。新中国成

① 中共中央党史和文献研究院编：《习近平关于总体国家安全观论述摘编》，中央文献出版社 2018 年版，第 118 页。

② 《毛泽东文集》第 2 卷，人民出版社 1993 年版，第 435 页。

立以来，我国意识形态建设发展历程表明，我们党在任何时候都必须加强对意识形态工作的领导。新中国成立之初，我们党高度重视意识形态工作，不断使马克思列宁主义、毛泽东思想成为国家意识形态，进入社会主义建设时期，仍然重视党的宣传思想工作、文艺工作。尽管后来在社会主义建设的探索过程中出现曲折和失误，但是我们党对意识形态的“领导力”从未削弱。进入改革开放新时期，我们实现了工作重心的转移，坚持“一个中心，两个基本点”的基本路线，但是我们党在集中精力进行经济建设的同时，一刻也没有放松和削弱党对意识形态的领导力。

二是加强创造力。马克思主义“是发展着的理论，而不是必须背得烂熟并机械地加以重复的教条。”[①] 与时俱进是马克思主义的理论品质，不断进行理论创新是马克思主义永葆生机活力的源泉。我们党把坚持马克思主义基本原理同推进马克思主义中国化结合起来，“老祖宗”不能丢，但又必须不断讲“新话”，在讲“新话”中激活社会主义意识形态的创造力、影响力。我们党以“一个中心、三个着眼于”为基本框架，推动党的理论不断创新。“一定要以我国改革开放和现代化建设的实际问题、以我们正在做的事情为中心，着眼于马克思主义理论的运用，着眼于对实际问题的理论思考，着眼于新的实践和新的发展。”[②] 主流意识形态在创新过程中，能够不断适应新情况、解决新问题、指导新实践，只有这样，才能不断拥有解释力和说服力。总之，我们要突

① 《马克思恩格斯文集》第 10 卷，人民出版社 2009 年版，第 562 页。

② 中共中央文献研究室：《十五大以来重要文献选编》（上），中央文献出版社 2011 年版，第 11 页。

出用“新话”凝聚共识，统一思想，将全体人民团结起来。

三是加强吸引力。掌握意识形态领导权，要求意识形态建设在内容构建、传播渠道方式、工作手段形式等方面有针对性、有效性和吸引力。随着中国不断融入全球化进程中，文化在各国交往中越来越重要，加之西方推行“文化渗透”“价值渗透”，我国主流意识形态受到严峻的挑战与威胁。因此，我们要进一步重视文化建设和价值观建设，发展先进文化、建设核心价值体系成为掌握意识形态领导权的重要载体和平台。

四是加强引领力。新中国成立以来，社会主义意识形态建设取得显著成功的一条经验就是正确处理好一元化指导思想与多样化的思想文化观念之间的关系，尤其是实现了前者对后者的有效引领、整合。任何社会的思想观念都是多样的，并且，思想观念的多样化并不必然危及指导思想的一元化地位。列宁甚至指出：“多样性不但不会破坏在主要的、根本的、本质的问题上的统一，反而会保证这种统一。”[①] 关键是要有效地引领、整合。新中国成立以来，我们党始终坚持“百花齐放、百家争鸣”的方针。“实行百花齐放、百家争鸣的方针，并不会削弱马克思主义在思想界的领导地位，相反地正是会加强它的这种地位。”[②] 在新时代，坚持和完善繁荣社会主义先进文化制度，促进全体人民在思想上精神上紧紧团结在一起，需要更好地坚持“百花齐放、百家争鸣”的方针，作为一元化的指导思想，马克思主义要继续发挥

---

① 《列宁全集》第 33 卷，人民出版社 2017 年版，第 213 页。

② 《毛泽东文集》第 7 卷，人民出版社 1999 年版，第 232 页。

好引领、整合多样化思想观念的作用。当然，我们党承认思想观念的多样化，并不意味着放任、纵容错误的、甚至反动的思想观念。在这里，一元化指导思想所引领的只能是其他有益的或无害的思想观念，对错误的、反动的思想观念，必须进行强制的思想斗争。

五是加强斗争力。团结并不意味着放弃斗争。在特定情况下，只有通过斗争，才能更好地团结。凝聚共识、统一思想，促进思想上精神上的团结，就必须要与各种错误的、反动的、敌对的思潮进行斗争。只有开展思想战线的交锋，提升主流意识形态的斗争力，才能更好地让人民群众在正确的思想、共同的理想信念下团结起来。毛泽东指出："马克思主义必须在斗争中才能发展，不但过去是这样，现在是这样，将来也必然还是这样。正确的东西总是在同错误的东西作斗争的过程中发展起来的。"[①] 改革开放初期，国内出现了一些怀疑党的领导、否定社会主义、歪曲党的路线方针政策的思潮。针对这些情况，我们党开展了反对精神污染、反对资产阶级自由化斗争。"自由化本身就是资产阶级的……搞自由化就是要把我们引导到资本主义道路上去。"[②] 在反对错误思潮的斗争过程中，我们党进一步明确了四项基本原则的极端重要性。20 世纪 90 年代以来，随着社会主义市场经济体制的建立与发展、中国不断融入全球化，发展市场经济、对外开放的过程中拜金主义、享乐主义、极端个人主义等落后的思想

① 《毛泽东文集》第 7 卷，人民出版社 1999 年版，第 230 页。

② 《邓小平文选》第 3 卷，人民出版社 1993 年版，第 182 页。

不断滋长。我们党不断开展意识形态斗争，不断培育社会主义核心价值体系。随着改革开放不断深入、改革开放中的问题也不断凸显出来，国内出现了以“反思改革”为名、实质上否定改革的极左思想。与此同时，出现了一股试图干扰和影响改革开放方向的思潮（如民主社会主义、新自由主义）。针对这两种错误的倾向，我们党开展必要的思想斗争，澄清思想迷惑，划清马克思主义、社会主义与非（反）马克思主义、反社会主义之间的界限。党的十八大以来，我们要进行具有许多新的历史特点的伟大斗争，更加需要必要的舆论斗争、意识形态斗争。当前思想舆论领域有红色、黑色和灰色三个地带，[①] 对不同地带，要采取不同策略。对由各种敌对势力制造的舆论构成的黑色地带，必须要运用强制力，进行强有力的舆论斗争。对那些恶意攻击党的领导、攻击社会主义制度、歪曲党史国史、造谣生事的言论，要进行坚决的斗争。

总而言之，坚持和完善繁荣社会主义先进文化制度必须牢牢掌握意识形态领导权；只有从领导力、创造力、吸引力、引领力和斗争力等方面，加强意识形态领导权建设，我们才能有效地凝聚共识，统一思想，促进全体人民在思想上精神上紧紧团结在一起。

---

① 中共中央文献研究室编：《习近平关于社会主义文化建设论述摘编》，中央文献出版社 2017 年版，第 30 页。

第八章

坚持以人民为中心的民生保障制度优势

党的十九届四中全会指出，“坚持以人民为中心的发展思想，不断保障和改善民生、增进人民福祉，走共同富裕道路”是我国国家制度和国家治理体系的显著优势之一。民生好坏往往决定着民心向背，民心向背往往决定着国运昌衰，这是古今中外的一条历史公理。党的十九届四中全会首次提出了民生保障制度的概念，并将其作为中国特色社会主义制度体系的有机构成部分，明确要坚持和完善民生保障制度，满足人民日益增长的美好生活需要，这是对人民向往更加美好生活的最新回应，也是充分认识中国特色社会主义制度优越性的最佳维度。

第一节　民生的基本内涵、外延与特征

民生一词，古已有之。据考证，“民生”一词最早出现在《左传·宣公十二年》，所谓“民生在勤，勤则不匮”。这里的民

生是指百姓的生计。到了20世纪20年代，孙中山给“民生”注入了新的内涵，并将之上升到“主义”、国家方针大政以及历史观这样一个前所未有的高度。孙中山对民生问题较为经典的解释是：“民生就是人民的生活——社会的生存，国民的生计，群众的生命便是。”[①] 他指出，“民生就是政治的中心，就是经济的中心和种种历史活动的中心，好像天空以内的重心一样”[②]。他认为，“民生就是社会一切活动中的原动力”[③]；“社会进化的定律，是人类求生存。人类求生存，才是社会进化的原因”[④]。

现代意义上的民生概念有广义和狭义之分。凡是同民生有关的，包括直接相关和间接相关的事情都属于广义上的民生概念范畴内的事情。从直接相关和间接相关的角度看，广义上的民生概念几乎可以延伸到经济、社会、政治、文化等任一领域，无所不包，甚至还可以包括历史观方面的问题。广义上民生概念的优点是充分强调民生问题的高度重要性和高度综合性，但其明显的不足在于，概念所涉及的范围太大，同具体政策层面上的民生问题难以吻合，反倒容易冲淡人们对于直接、切身、具体、真正的民生问题的关注和改善，使民生问题难以同改善民生的具体政策和措施有效地结合起来。孙中山对民生的界定大致是从广义的角度来立论的。狭义上的民生概念主要是从社会层面上着眼的，主要是指民众的基本生存和生活状态，以及民众的基本发展机会、基

① 《孙中山选集》（下），人民出版社2011年版，第832页。
② 《孙中山选集》（下），人民出版社2011年版，第856页。
③ 《孙中山选集》（下），人民出版社2011年版，第867页。
④ 《孙中山选集》（下），人民出版社2011年版，第847页。

本发展能力和基本权益保护的状况，等等。[①] 狭义上的民生概念相对而言比较准确，更加容易同具体层面上的民生政策相吻合。我们日常所使用的民生概念一般都是狭义的民生概念。比如，党的十九大报告提出的“坚持在发展中保障和改善民生”这一基本方略中的“民生”，就是从社会层面上来说的。

中国自古以来，“民生”就与“国计”相提并论，民生问题一直与国家发展存在着密不可分的联系。民生问题，简单地说，就是与百姓生活密切相关的问题，最主要表现在吃穿住行、养老就医子女教育等生活必需上面。群众利益无小事，民生问题大于天。民生问题也是人民群众最关心、最直接、最现实的利益问题。它不仅仅是社会问题、经济问题，也是政治问题。关注民生、重视民生、保障民生、改善民生，同党的性质、宗旨和目标一脉相承。在民生的外延方面，有提法认为，“教育是民生之基，就业是民生之本，收入分配是民生之源，社会保障是民生之安全网”[②]。这四大问题都是民生的基本问题。有提法认为，“就业是民生之本，教育是民生之基，分配是民生之源，社保是民生之依，稳定是民生之盾”[③]。在就业、教育、收入分配、社会保障之外加入了“社会稳定”的内容，切中中国当前加强和创新社会治理之时宜。

党的十九大报告提出，“必须多谋民生之利、多解民生之忧，在发展中补齐民生短板、促进社会公平正义，在幼有所育、学有

① 吴忠民：《改善民生的有效途径》，《北京观察》2008 年第 2 期。

② 郑功成：《和谐社会民生为本》，《瞭望》2005 年第 15 期。

③ 沙杰、杨志刚：《民生统计指标体系浅见》，《中国统计》2008 年第 7 期。

所教、劳有所得、病有所医、老有所养、住有所居、弱有所扶上不断取得新进展”。在这里，幼有所育、学有所教、劳有所得、病有所医、老有所养、住有所居、弱有所扶所对应的教育、就业与收入分配、医疗卫生、养老、基本住房以及社会救助等社会事业就是基本民生问题中的核心部分，也是最为突出的民生问题。

在厘清民生的基本内涵与外延后，我们还需要准确把握民生的特征。总的来说，民生具有三个基本特征①：

民生具有层次性。底线民生主要是指民众基本生计状态的底线，旨在确保每一个社会成员“能够像人那样有尊严地生存下去”。基本民生，既包括最低生活保障、大病救助等面向特困群体基本生活的“网底”，也包括义务教育、医疗、养老保险、住房等确保全体国民维持体面、有尊严的生活的最低需要。质量民生，是指更高层次的民生保障，主要侧重解决民众基本的“生活质量”问题，旨在为全体社会成员提供使生活质量得以全面提升的福利。三个不同层次的民生具有递进关系，较高层次的民生状态包含和满足较低层次的民生需求，也就是说，基本民生包含底线民生，质量民生包含基本民生；同时，较低层次的民生内容实现是较高层次民生内容实施的前提条件，在较低层次民生需要满足之后，较高层次民生需求实现问题便凸显出来。

民生具有发展性。民生概念是一个动态的、历史的概念。随着经济社会的发展，其内涵和外延也在不断发生变化，而且，由于各个国家之间或者同一国家在不同时期的社会经济、价值观念

---

① 李志明：《民生三性》，《人民日报》2014 年 6 月 8 日。

和文化传统上存在差异，民生的内涵和外延也会有所不同。与此同时，不同历史时期，民众对民生的期待和要求也不尽相同，基本民生和质量民生的边界是相对的，也是不断发展变化的。

民生需求是刚性的。保障和改善民生是个普遍性的问题，民生发展具有刚性需求的特点，其水平只能向上升、不能往下降，其制度建设只能向前走、不能往后退。

第二节　新中国成立以来保障和改善民生所取得的伟大成就

新中国成立后，党和政府高度重视民生事业，将保障和改善民生工作放在突出位置，并在民生领域取得了举世瞩目的伟大成就：

第一，教育普及程度大幅提高，民生之基得到不断夯实。教育是民生之基，是国之大计、党之大计，在经济社会发展中具有基础性、先导性、根本性的作用。新中国成立初期，我国教育水平低下，人口文化素质差，适龄儿童小学入学率不到20%，初中入学率仅为6%，80%以上的人口是文盲[①]；农村的文盲率更是高达95%以上[②]。20世纪50—70年代，我国十分重视发展基础教育，同时也适度发展高等教育。文盲率由1964年的33.58%下降到1982年的22.81%；基本普及小学教育，学龄儿

① 中共教育部党组：《发展具有中国特色世界水平的现代教育——党的十八大以来教育改革发展的成就和经验》，《求是》2017年第16期。

② 何涛：《档案见证建国初期的扫盲运动》，《北京档案》2014年第8期。

童入学率达到 95.5%。在此期间，中国的幼儿教育和各级成人教育也有很大发展。改革开放以来，我国教育进入全面发展时期，义务教育不断完善，高等教育逐步加强，国民受教育程度不断提高。2018 年，九年义务教育巩固率达 94.2%；普通本专科在校学生 2831 万人，比 1978 年增长 32 倍；15 岁及以上人口平均受教育年限由 1982 年的 5.3 年提高到 9.6 年。党的十八大以来，我国教育事业取得新的历史性进展，总体发展水平跃居世界中上行列，现代职业教育体系初步建立。2018 年，我国高等教育毛入学率已达到 48.1%，高于中高收入国家平均水平；中等职业教育学校达到 10340 所。教育事业发展有效提升了全民族的科技文化素质，为社会主义现代化建设培养了大量人才资源。

第二，就业数量和质量持续改善，民生之本得到不断巩固。就业是民生之本，是最大的民生工程、民心工程、根基工程，是最大的民生。新中国成立前，经济凋敝，城镇劳动力多数处于失业状态。1949 年末，全国城乡就业人员 18082 万人，其中城镇就业人员仅有 1533 万人，城镇失业率高达 23.6%。20 世纪 50—70 年代，我国通过积极发展经济，就业状况逐步改善。1978 年末，我国就业人员达到 40152 万人，其中城镇就业人员 9514 万人。改革开放以来，随着经济发展和就业优先政策实施，我国就业总量大幅增加，大量农村富余劳动力向第二、三产业转移。2018 年末，我国就业人员增加到 77586 万人，其中第二、三产业就业人员占比分别为 27.6%和 46.3%，比 1952 年末分别提高 20.2 个和 37.2 个百分点。党的十八大以来，放管服改革持续深入，大众创业、万众创新蓬勃发展，有效激发市场活力，促进新兴就业岗位不断涌现，第三产业、中小微企业和民营经济成为吸纳就业的主渠道，就业形势稳中向好。2013—2018 年，我国城镇新增就业连续 6 年超过 1300 万人。

第三，居民收入持续增加，民生之源得到不断充实。收入分配是民生之源，是改善民生、实现发展成果由人民共享最重要最直接的方式。新中国成立之初，居民收入水平很低。1956 年，全国居民人均可支配收入仅为 98 元。由于人口增长快，积累和消费关系不合理等原因，1978 年全国居民人均可支配收入也仅为 171 元。改革开放以来，我国打破平均主义“大锅饭”，确立了按劳分配为主体、多种分配方式并存的新型分配制度，初步建立起微观自主与宏观调控相结合的个人收入分配新体制，并且在劳动生产率大幅提高和社会生产力迅速发展基础上，广大居民的收入状况得到显著改善。2018 年全国居民人均可支配收入达到 28228 元，比 1978 年实际增长 24.3 倍。党的十八大以来，随着脱贫攻坚等一系列重大举措的实施，农村居民人均可支配收入实际增速连续多年快于城镇居民，城乡居民收入差距不断缩小，城乡居民人均可支配收入之比 2018 年已下降至 2.69。

第四，社会保障不断加强，民生安全网得到不断织密扎牢。社会保障是民生之安全网，发挥着社会稳定器作用。新中国成立初期，我国社会保障尚属空白。20 世纪 50—70 年代，我国开始由国家和单位对城镇职工提供劳动保险等一定福利，并由集体对农民实行少量保障。改革开放以来，适应经济社会发展需要，我国社会保障制度逐步建立，覆盖面持续扩大，待遇水平稳步提升。党的十八大以来，多层次社会保障体系加快构建，社会保障水平稳步提高。2018 年末，全国参加城镇职工基本养老保险人数 41848 万人，比 1989 年末增加 36138 万人；参加失业保险人数 19643 万人，比 1994 年末增加 11675 万人；参加工伤保险人数 23868 万人，比 1994 年末增加 22046 万人；基本养老保险覆盖超过 9 亿人，医疗保险覆盖超过 13 亿人，基本实现全民医保。

第五，贫困人口大幅减少，民生底线得到不断兜牢。脱贫攻坚是新时期的民生底线和头号民生工程，实现农村贫困人口脱贫是全面建成小康社会最突出的短板、底线任务、刚性目标和标志性指标。新中国成立前，国家积贫积弱，人民贫困如洗。20 世纪 50—70 年代，城乡居民生活有所改善，但农村贫困问题始终突出。按照 2010 年标准，1978 年末我国农村贫困人口 7.7 亿人，农村贫困发生率高达 97.5%。改革开放以来，随着农村经济体制改革不断深入和扶贫开发大力推进，我国贫困人口大幅减少。2012 年末我国农村贫困人口下降至 9899 万人，农村贫困发生率降至 10.2%。党的十八大以来，我国扶贫力度进一步加大，精准脱贫政策陆续出台，尤其是脱贫攻坚战打响后，贫困人口脱贫明显加快。2018 年末我国农村贫困人口减少至 1660 万人，比 2012 年减少 8239 万人；农村贫困发生率下降至 1.7%，比 2012 年下降 8.5 个百分点。我国农村从普遍贫困走向整体消灭绝对贫困，成为首个实现联合国减贫目标的发展中国家，对全球减贫贡献超过 70%。

第六，健康中国建设取得长足进步，民生之根得到不断培固。健康是民生之根，没有全民健康，就没有全面小康。新中国成立前，中国人曾被称为“东亚病夫”。新中国成立初期，我国医疗卫生水平很低，且大部分医院集中在城镇。20 世纪 50—70 年代，经过努力，我国公共卫生体系初步建立。1978 年末，我国拥有医疗卫生机构 17 万个，床位数 204 万张，卫生技术人员 246 万人，但医疗卫生事业总体水平依然不高。改革开放以来，我国公共卫生领域投入不断加大，医疗科技水平迅速提高，医疗卫生体系建立健全。2018 年末，全国共有医疗卫生机构 99.7 万个，比 1949 年末增长 271 倍；卫生技术人员 952 万人，增长 17.8 倍。疾病防控能力明显增强，居民健康状况显著改善。党的十八大以来，医疗、医保、医药事业深入发展，医疗卫生体制改革不断深化，分级诊疗制度逐步建立，全民医保体系加快健全，为人民健康撑起牢固保障网，我国医疗卫生事业发展成效显著。居民预期寿命由新中国成立初的 35 岁提高到 2018 年的 77 岁，婴儿死亡率由新中国成立初的 200‰下降到 2018 年的 6.1‰，居民健康水平总体上优于中高收入国家平均水平。

第三节　以人民为中心的民生保障制度的显著优势

党的十九届四中全会通过的《中共中央关于坚持和完善中国特色社会主义制度、推进国家治理体系和治理能力现代化若干重大问题的决定》提出，坚持以人民为中心的发展思想，不断保障和改善民生、增进人民福祉，走共同富裕道路的显著优势，清晰地指明了我国国家制度和国家治理体系在民生保障制度方面的显著优势，那就是：

第一，将“以人民为中心”作为一切民生工作的出发点和落脚点。“以人民为中心”的发展思想是习近平总书记于 2015 年 11 月 23 日在中央政治局第二十八次集体学习时提出的治国方针理论。习近平总书记指出，“以人民为中心的发展思想，不是一个抽象的、玄奥的概念，不能只停留在口头上、止步于思想环节，而要体现在经济社会发展各个环节。”党的十九大报告将“坚持以人民为中心”确立为新时代坚持和发展中国特色社会主义的基本方略之一，这意味着不仅在经济社会发展方面要坚持以人民为中心的发展思想，而且在包括民生保障制度在内的中国特色社会主义事业诸领域、各方面与全过程都必须坚持以人民为中心。因此，“以人民为中心”是党和政府一切民生工作的出发点和落脚点。

“以人民为中心”的发展思想是中国共产党一脉相承的政治立场，丰富和发展了中国共产党在不同历史时期提出的“全心全意为人民服务”“有利于人民生活水平的提高”“代表中国最广大人民的根本利益”以及“以人为本”等人民观和发展观，赋予了人民立场新内涵，也是新时代我国民生保障制度显著的立场优势。不同于西方国家乃至福利国家发展福利制度实质目的在于缓和社会矛盾、更好地维护资产阶级的统治，“以人民为中心”发展思想指导下的民生保障制度建设将“为了人民、依靠人民、成果由人民共享”作为根本立场，实质上就是将增进人民福祉、促进人的全面发展作为建制发展的根本遵循。

第二，以“不断保障和改善民生、增进人民福祉”作为民生保障制度建设的直接指向。2012 年 11 月 15 日，习近平同志当选中共中央总书记后首次同中外记者见面时说，我们的人民热爱生活，期盼有更好的教育、更稳定的工作、更满意的收入、更可靠的社会保障、更高水平的医疗卫生服务、更舒适的居住条件、更优美的环境，期盼孩子们能成长得更好、工作得更好、生活得更好。人民对美好生活的向往，就是我们的奋斗目标。党的十八大以来，以习近平同志为核心的党中央把不断增进民生福祉作为发展的根本目的，着眼于在发展中补齐民生短板、促进社会公平正义，在幼有所育、学有所教、劳有所得、病有所医、老有所养、住有所居、弱有所扶上取得一系列开创性成就，使得全体人民离成就美好生活更进一步。这不但是我们谋发展的根本目的，更是我们坚持和完善统筹城乡的民生保障制度的直接指向。

新时代坚持和完善统筹城乡的民生保障制度，必须同时也能够致力于不断保障和改善民生、增进人民福祉，满足人民日益增长的美好生活需要，这是新时代我国民生保障制度显著的绩效优势。不同于西方国家乃至福利国家发展福利制度极易受到选举政治、经济周期的影响而呈现出政策取向上忽左忽右的摇摆不定，有时甚至会成为失败的经济政策或政客错误决策的替罪羊，新时代民生保障制度建设始终保持着从无到有、从有到优，覆盖更加广泛、项目更加全面，质量不断提升、水平不断提高的良性发展轨道上，进而更加注重生产关系和社会关系的调和，从而在更高水平上实现经济社会发展的良性循环。[①]

第三，把“走共同富裕道路”作为保障和改善民生工作的根本旨归。邓小平在1992年南方谈话中明确地指出：“社会主义的本质，是解放生产力，发展生产力，消灭剥削，消除两极分化，最终达到共同富裕。”当前，中国特色社会主义已经进入新时代，就是要更好地发展生产力、提升发展质量和效益，创造更多物质财富和精神财富，满足人民日益增长的美好生活需要，不断促进社会公平正义，让13亿多老百姓都过上好日子。这是在新的历史条件下，坚持和完善中国特色社会主义制度、推进国家治理体系和治理能力现代化必须牢牢把握的基本要求。习近平总书记强调，让老百姓过上好日子是我们一切工作的出发点和落脚点。不断提高保障和改善民生水平，让13亿多老百姓都过上好日子，就是走实现全体人民共同富裕的发展道路。这是最终衡量党和政府工作的根本标准，也是评判中国特色社会主义发展水平的根本标准，更是保障和改善民生工作的根本旨归之所在。

消除贫困、改善民生、实现共同富裕，是社会主义的本质要求，也是新时代我国民生保障制度显著的价值优势。不同于西方国家乃至福利国家发展福利制度，只是对资本主义生产关系的局部调整，不可能从根本上消除贫困、消灭剥削以及消弭两极分化，新时代民生保障制度建设将满足人民日益增长的美好生活需

① 王道勇：《改革开放以来我国民生建设的基本经验》，《中国特色社会主义研究》2018年第5期。

要作为根本目标，最终是要消灭剥削，消除两极分化，达到共同富裕。

第四节　坚持和完善统筹城乡的民生保障制度

新时期坚持和完善统筹城乡的民生保障制度，首先是要把握好其基本要求。习近平总书记指出，“民之所盼，政之所向。增进民生福祉是发展的根本目的”①。民生保障制度涉及群众面最广、涉及群众利益最深、涉及群众的问题最具体。在改革创新中不断完善民生保障制度体系，努力让人民过上更加美好的生活，是我们党始终保持强大号召力、向心力和凝聚力的根本所在。因此，党的十九届四中全会明确将坚持和完善统筹城乡的民生保障制度作为坚持和完善中国特色社会主义制度、推进国家治理体系和治理能力现代化的重点工作任务。

第一，新时代坚持和完善民生保障制度必须着眼于统筹城乡。统筹城乡，是我们理解四中全会对于民生保障制度新要求的关键词。中国特色社会主义进入新时代，我国社会主要矛盾已经转化为人民日益增长的美好生活需要和不平衡不充分的发展之间的矛盾。当前，在保障和改善民生领域，城乡民生保障制度发展不平衡的问题仍较为突出，尤其是农村民生保障制度发展不充分已经成为主要的短板。习近平总书记提出，“必须多谋民生之利、

① 习近平：《切实把新发展理念落到实处　不断增强经济社会发展创新力》，《人民日报》2018年6月15日。

多解民生之忧，在发展中补齐民生短板、促进社会公平正义”[①]。这意味着未来民生保障制度建设应当秉持公平正义的核心价值，着眼于促进权利更加公平、利益更加普惠、城乡更加均衡来健全幼有所育、学有所教、劳有所得、病有所医、老有所养、住有所居、弱有所扶等方面国家基本公共服务制度体系，并通过推进基本公共服务均等化，更好地保障人民群众特别是农村居民的基本民生权益，让改革成果更多更公平惠及全体人民。

第二，新时代坚持和完善民生保障制度必须坚持尽力而为、量力而行。尽力而为是负责态度，强调党和政府的责任担当和主动作为；量力而行是科学精神，强调实事求是和一切从实际出发，两者相辅相成、缺一不可。习近平总书记指出，“保障和改善民生是一项长期工作，没有终点站，只有连续不断的新起点”[②]。因此，尽力而为，就是要发挥主观能动性，调动一切积极因素努力做好民生工作，不断保障和改善民生；就是要将更多的公共资源投入到民生领域，把更多的政府工作精力投入民生领域，努力建设服务型、民生型政府，不断提高人民群众的生活水平。量力而行，就是按照“有多大能力解决多大问题”的原则，合理确定民生工作目标，做那些现实条件下可以做到的事情。这既是资源和能力约束的客观要求，也是民生刚性增长规律下我们必须做出的理性选择。我国仍处于并将长期处于社会主义初级阶

---

① 习近平：《决胜全面建成小康社会　夺取新时代中国特色社会主义伟大胜利——在中国共产党第十九次全国代表大会上的报告》，人民出版社 2017 年版，第 23 页。

② 《习近平在天津考察时强调：稳中求进推动经济发展 持续努力保障改善民生》，《人民日报》2013 年 5 月 16 日。

段的基本国情没有变，我国是世界最大发展中国家的国际地位没有变，因此，我们在确定民生保障目标的时候不能简单地向发达国家看齐、向福利国家看齐，而必须在发展中保障和改善民生，将收入提高建立在劳动生产率提高的基础上，将福利水平提升建立在经济和财力可持续增长的基础上。

第三，新时代坚持和完善民生保障制度必须兜住民生底线。习近平总书记提出，“社会政策要托底，就是要守住民生底线”①，保障和改善民生要“坚守底线、突出重点、完善制度、引导预期”。因此，坚决兜住民生底线，应当成为新时代坚持和完善民生保障制度的重要基础。在这里，底线是表示性质的概念，不是指低水平的民生，而是指党和政府在民生领域不能含糊、不能推卸、必须坚持、必须做到的事情，或做到或没有做到，或尽职或失职，没有中间状态。具体来说，就是坚持和完善民生保障制度，必须注重加强普惠性、基础性、兜底性民生建设，切实保障和逐步提高困难群体的生活水平，织密扎牢民生保障“安全网”，着力防范和化解重大风险。特困群体如果陷入生存危机无法自拔，就很容易冲击社会的道德和心理底线。

第四，新时代坚持和完善民生保障制度必须鼓励社会参与。保障和改善民生是我们推动发展的根本目的，而人民既是享受民生改善成果的主体，更是实现民生改善目标的主体。习近平总书记指出，“幸福都是奋斗出来的”②。让老百姓过上好日子，既是

---

① 《习近平：全面贯彻党的十八届五中全会精神　落实发展理念推进经济结构性改革》，《人民日报》2015 年 11 月 11 日。

② 《国家主席习近平发表二〇一八年新年贺词》，《人民日报》2018 年 1 月 1 日。

党和政府一切工作的出发点和落脚点，同时也需要人民群众依靠自己勤劳的双手去共同创造。坚持和完善民生保障制度，党和政府应当承担基本职责但不能大包大揽，而要通过创新公共服务提供方式，充分调动社会各方面广泛参与进来，不断促进全体人民各尽所能、各得其所。

新时期坚持和完善统筹城乡的民生保障制度，必须坚决贯彻落实四中全会精神，高质量完成各项重点任务。一是健全有利于更充分更高质量就业的促进机制，实施就业优先政策，创造更多就业岗位。就业是最大的民生工程、民心工程、根基工程，是最大的民生。党的十八大以来，习近平总书记坚持以人民为中心的发展理念，根据经济发展新常态下的就业形势和特点以及新时代社会主要矛盾的转化，围绕着做好就业工作发表了一系列重要讲话，科学回答了新时期中国如何实现更高质量和更充分就业等一系列重要理论与实践问题，进一步丰富发展了就业优先战略和积极就业政策，为新时代做好就业工作提供了根本遵循，促使就业创业工作取得了显著成绩，成为经济运行中的突出亮点。

二是构建服务全民终身学习的教育体系，加快发展面向每个人、适合每个人、更加开放灵活的教育体系，建设学习型社会。教育是民生之基，是国之大计、党之大计，在经济社会发展中具有基础性、先导性、根本性的作用。党的十八大以来，习近平总书记始终坚持人民至上，把广大师生放在心里，将教育工作抓在手上，在长期工作实践中逐步形成了内涵丰富、思想深刻、逻辑严密的关于教育发展的重要思想，准确深刻地回答了新形势下教育事业“培养什么人、怎样培养人、为谁培养人”这个根本问题，既丰富和发展了中国特色社会主义教育理论，也成为新时代指引我们办好人民满意的教育的根本遵循和行动指南，推动中国教育事业改革发展取得了显著的新成就新进展。

三是完善覆盖全民的社会保障体系。社会保障是民生之安全网，发挥着社会稳定器作用。党的十八大以来，习近平总书记高度重视社会保障体系建设，就社会保障制度改革与制度建设发表了一系列重要讲话，为新时期社会保障改革发展指明了方向，推动社会保障制度体系不断完善，管理体制逐渐优化，覆盖范围迅速扩大，待遇水平稳步提高，经办服务水平进一步提升。

四是强化提高人民健康水平的制度保障，让广大人民群众享有公平可及、系统连续的健康服务。健康是民生之根，没有全民健康，就没有全面小康。党的十八大以来，习近平总书记作出了推进健康中国建设的重大决策部署，突出重点、立柱架梁，从民生关切着手，实施一系列利当前、惠长远的重大举措，推动医药卫生体制改革由易到难渐次突破，为人民群众的共同追求、为民族复兴的光荣梦想不断夯实健康之基。

第九章

坚持改革创新永葆生机活力制度优势

党的十九届四中全会指出，“坚持改革创新、与时俱进，善于自我完善、自我发展，使社会始终充满生机活力”是我国国家制度和国家治理体系的显著优势之一。新中国成立以来，在中国共产党的正确领导下，我们不断坚持改革创新、与时俱进，善于自我完善、自我发展，推动党和国家事业取得巨大成就，经济社会健康稳定发展，国家制度建设取得丰硕成果，制度优势充分转化为国家治理效能，社会在保持秩序井然的同时充满了旺盛的生机活力。

第一节　坚持改革创新精神的科学内涵

辩证唯物主义告诉我们，世界上没有一成不变的事物，任何事物都处于不断变化发展之中。中国共产党成立以来，始终坚持把马克思主义基本原理同中国具体实际相结合，积极探索实践，不断改革创新，形成和发展党的领导和经济、政治、文化、社会、生态文明等各方面制度。中华人民共和国成立70年的光辉历程，也是我们党团结带领人民在实践探索中逐步完善国家制度和国家治理体系的过程。在这个过程中，我们党领导人民建立和完善中国特色社会主义制度，不断加强和完善国家治理，国家制度和国家治理体系在实践中显现出强大适应性和旺盛生命力，社会创新活力迸发的同时，在国际竞争中也不断赢得更大的比较优势。

第一，改革创新精神是中华民族历来具有的富于进取的思想品格。改革创新指的是改掉旧的、不合理的部分，使更合理完善，并开创新的事物。改革创新是社会主义核心价值体系的基本内容之一，也是实现“两个一百年”奋斗目标的重要动力。中华民族作为一个古老而年轻的民族，几千年血脉不断、文明不衰、生机勃发，必然积淀了深厚的精神文化传统。中华民族的文化传统是十分丰厚的，但追根溯源集中表达于《周易》上的两句：“天行健，君子以自强不息；地势坤，君子以厚德载物。”前者发展成了革故鼎新、独立自主、艰苦奋斗、与时俱进的改革创新精神；后者发展成了以人为本、团结和谐、海纳百川、协和万邦的人文道德精神。这两种精神各有侧重，却又相辅相成、浑然一体，从一定的意义上说，这就是“自立立人”的关系。一个民族越是自尊自重自立，就越是胸襟开阔，敢于揭己之短、善于学人之长，能够在广泛吸纳各种文化营养丰富自身的同时推动各种文明的繁荣灿烂，从而对人类进步作出重大贡献。应当说，中华民族就是这样的民族之一。中华民族从来是善于吸收其他民族的优秀文化的。我们不仅以著名的四大发明、万里长城、京杭大运河等伟大创造闻名于世，不仅以诸子百家思想丰富了人类的精神文化宝库，而且以不断变革创新的实践彪炳人类变法自强的制度创新史。从改革创新的视角看，中国近现代以来社会主义和资本主义的道路之争，是中华民族能否真正实现改革创新的问题。中国走上中国特色社会主义道路，这本身就是中国历史发展中的改革创新。

第二，读懂中国首先要读懂改革，改革是中国发生历史性变化的根本原因。新中国成立以来尤其是改革开放以来，中国发生了历史性的变化，这是举世公认的事实。这种历史性巨变来自哪里？主要是来自改革释放的巨大能量。可以说，中国改革是 20 世纪和 21 世纪人类社会历史发展进程中最重大的事件，因为它“不仅深刻改变了中国，也深刻改变了世界”①。一是改革极大解放和发展了生产力。改革开放以来，我国各族人民在中国共产党领导下坚持聚精会神搞建设、坚持改革开放不动摇，持之以恒、锲而不舍，使我国发生了翻天覆地的变化。今天，中国已经成为世界第二大经济体、第一大工业国、第一大货物贸易国、第一大外汇储备国。中国人民生活从短缺走向充裕、从贫困走向小康，现行联合国标准下的 7 亿多贫困人口脱贫，占同期全球减贫人口总数的 70％以上。中国人民在富起来、强起来的征程上迈出了

① 习近平：《开放共创繁荣　创新引领未来——在博鳌亚洲论坛 2018 年年会开幕式上的主旨演讲》，人民出版社 2018 年版，第 5 页。

决定性的步伐。二是改革成功开辟了中国特色社会主义道路。我国各族人民在中国共产党的领导下，坚持立足国情、放眼世界，既强调独立自主、自力更生又注重对外开放、合作共赢，既坚持社会主义制度又坚持社会主义市场经济改革方向，既“摸着石头过河”又加强顶层设计，不断研究新情况、解决新问题、总结新经验，成功开辟出一条中国特色社会主义道路。党的十九大高度评价了成功开辟这条道路的世界历史意义：拓展了发展中国家走向现代化的途径，给世界上哪些既希望加快自身发展又希望保持自身独立性的国家和民族提供了全新选择，为解决人类问题贡献了中国智慧和中国方案。[①] 三是改革充分显示了解放思想和社会主义制度的优越性。我们坚持解放思想、实事求是，坚持解放思想和改革开放相互激荡、观念创新和实践探索相互促进，充分显示了思想引领的强大动力。各族人民勇于自我革命、自我革新，不断完善中国特色社会主义制度，不断革除各方面体制弊端，充分显示了制度保障的强大力量。四是改革为人类和平与发展作出了中国贡献。改革是开放的条件，改革也促进了开放。多年来，中国在对外开放中展现大国担当，从“引进来”到“走出去”，从加入世界贸易组织到共建“一带一路”，为应对亚洲金融危机和国际金融危机作出了重大贡献，连续多年对世界经济增长贡献率超过30%，成为世界经济增长的主要稳定器和动力源，促进了人类和平与发展。

---

① 习近平：《决胜全面建成小康社会　夺取新时代中国特色社会主义伟大胜利——在中国共产党第十九次全国代表大会上的报告》，人民出版社2017年版，第10页。

第三，坚持改革创新、与时俱进，才能跟上时代步伐，走在时代前列。历史车轮滚滚向前，时代潮流浩浩荡荡。改革创新是社会发展的重要动力，是发展和完善中国特色社会主义制度的必由之路。2018 年 4 月 10 日，习近平主席出席博鳌亚洲论坛 2018 年年会开幕式并发表主旨演讲时指出："变革创新是推动人类社会向前发展的根本动力。谁排斥变革，谁拒绝创新，谁就会落后于时代，谁就会被历史淘汰。"[①] 国家治理体系和国家制度只有随着实践发展不断改革创新、与时俱进，既不"毕其功于一役"，也不盲目自满、故步自封，才能更好地提升制度的有效力、吸引力和凝聚力，进而以强大制度优势提升国家治理效能，让全社会充满生机活力。"苟日新，日日新，又日新。"实践发展永无止境，坚持改革创新、与时俱进，就是弘扬以改革创新为核心的时代精神，坚持与时俱进的创新品格，秉持敢闯敢试的攻坚精神，在解放思想的基础上，坚持实践标准，坚决克服因循守旧的思想观念，跟上新时代的步伐，大力推进理论创新和实践创新。坚持改革创新、与时俱进，就是要积极适应社会结构和利益关系的变化，注重激发社会活力，坚决破除各种障碍，促进社会公平正义，一切从实际出发，实事求是，勇于突破旧框框，打破体制机制藩篱，敢于变革、勇于创新，永不僵化、永不停滞，大力推进制度创新，使社会充满生机活力，不断提高国家制度和国家治理体系对社会环境的适应能力，更好推动经济社会发展，推进国家

---

① 习近平：《开放共创繁荣　创新引领未来——在博鳌亚洲论坛 2018 年年会开幕式上的主旨演讲》，《人民日报（海外版）》2018 年 4 月 11 日。

制度和治理体系更加成熟定型。

第四，善于自我完善、自我发展，才能提升制度韧性，彰显制度优势。改革是社会主义制度的自我完善和发展。中国特色社会主义制度和国家治理体系以马克思主义为指导，是具有强大自我完善、自我发展能力的先进制度。《中国共产党章程》指出，中国共产党人追求的共产主义最高理想，只有在社会主义社会充分发展和高度发达的基础上才能实现。社会主义制度的发展和完善是一个长期的历史过程。改革开放初期，邓小平同志曾经指出："我们的制度将一天天完善起来，它将吸收我们可以从世界各国吸收的进步因素，成为世界上最好的制度。"① 2014 年 9 月 5 日，习近平总书记在庆祝全国人民代表大会成立六十周年大会上发表重要讲话时指出："制度自信不是自视清高、自我满足，更不是裹足不前、固步自封，而是要把坚定制度自信和不断改革创新统一起来，在坚持根本政治制度、基本政治制度的基础上，不断推进制度体系完善和发展。"② 中华人民共和国成立 70 年的制度建设史，就是一部中国特色社会主义制度不断推陈出新、不断超越、健全完善的历史。特别是党的十八大以来，以习近平同志为核心的党中央把制度建设摆上更加重要的位置，采取了一系列重要举措，坚决破除了各方面体制机制弊端，一以贯之地推进经济体制、政治体制、文化体制、社会体制、生态文明体制和党的制度建设等各个方面改革，中国特色社会主义制度和国家治理体

① 《邓小平文选》第 2 卷，人民出版社 1994 年版，第 337 页。

② 冯霞：《把制度自信和制度创新统一起来》，《人民日报》2017 年 6 月 9 日。

系得到进一步发展完善，治理效能进一步得到发挥。激发社会活力是实现中华民族伟大复兴的重要基石。面对西方社会治理乱象，中国“风景这边独好”，靠的就是在中国共产党坚强领导下，不断自我完善、自我发展国家制度和国家治理体系，不断激发社会活力，从而战胜前进道路上的各种风险挑战，形成繁荣发展稳定的局面。当前，世情、国情、党情发生深刻变化，自我完善、自我发展，就是要根据我国发展的阶段性特征，深入分析社会转型时期的社会结构和特点，积极协调和平衡政府、市场与社会三者之间的关系，认真吸收借鉴其他制度文明成果，及时把成功的实践经验转化为制度成果，不断完善社会治理体制机制，以制度创新更好地激发社会发展活力，使我国国家制度和治理体系既体现科学社会主义基本原则，又具有鲜明的中国特色、民族特色、时代特色。自我完善、自我发展还要拿出自我革命的勇气，不断加强和改进党的建设，健全和完善各项党内制度，把我们党锻造得更加坚强有力，才能更好地推动社会全面进步。

第二节　坚持改革创新的理论探索和制度实践

“改革创新、与时俱进，自我完善、自我发展”的核心在于改革创新。只有坚持改革创新，才能更好地体现与时俱进，才能在实践中实现自我完善、自我发展。换句话说，正是因为有持续不断的改革创新，才使得我们的社会充满生机活力。新中国成立以来孕育和形成的改革创新理论与制度实践，是当代中国最鲜明的时代特征，贯穿于社会主义现代化建设和国家治理体系建设的全过程、全领域。

第一，改革创新精神的孕育与相关制度探索。创新始终是推动国家发展的重要力量，始终是推动人类社会前进的重要力量。在人类发展史上，中华民族有过先进的农耕文明、掌握先进的农业技术，有过四大发明、推动人类技术文明大发展，凭借自身的创造力引领世界文明几千年。但近代以来，封建王朝为了加强统治，采取了闭关锁国、抑商重农的国策，不但自身丧失了创造力，更是与世界范围内的科技革命、文艺复兴、制度创新失之交臂。当西方政治制度已在适应经济基础的前提下完成向现代社会转变时，中国还停留在皇权时代；当西方工业革命技术成果引爆了军事变革、产业变革时，中国还停留在铁犁时代。后果就是，自1840年之后我们被西方列强入侵，国之不国，民之不民，中华民族遭受了沉重的苦难。在中华民族内忧外患、山河支离破碎的时代背景下，中国共产党诞生了。中国共产党自成立以来，就体现出强大的改革意识和创新精神。坚持把马克思主义基本原理同中国革命实际相结合，创造性地开辟了农村包围城市的革命道路，并在这一过程中形成了富有创新精神的毛泽东思想，领导中国人民建立了新中国。新中国成立后，我们推行土地改革，废除了延续两千多年的封建土地制度，劳动人民成为土地的主人；推动社会革新，废除旧的婚姻制度，取缔贩毒吸毒等社会痼疾，人民的精神面貌焕然一新；完成社会主义三大改造，建立社会主义基本制度。这些改革举措是与修复战争创伤、恢复国民经济同步推进的，是一场难度极大、影响深刻的社会变革，为新中国发展进步奠定了根本制度基础。之后，我们又开展了社会主义建设的艰辛探索，教育科技事业成就显著，医疗卫生事业取得长足进展，原子能、航天、电子等工业体系日益完备，逐步从一个落后的农业国发展成为具有比较完整工业体系的现代国家。可以说，新中国的成立和发展离不开毛泽东那代共产党人的改革创新精神和制度实践探索。

第二，改革创新理论的形成与相关制度实践。邓小平在党的十一届三中全会上作了《解放思想　实事求是　团结一致向前看》的主题报告，明确指出："只有解放思想，坚持实事求是，一切从实际出发，理论联系实际，我们的社会主义现代化建设才能顺利进行，我们党的马列主义、毛泽东思想的理论也才能顺利发展。"[①] 随后，我们举起了解放思想、实事求是的思想大旗，一举破除了"两个凡是"的思想禁锢，推动了思想大松绑，掀起了改革大浪潮，人们的改革创新思维开始形成。在理论创新上，我们在继承毛泽东思想的基础上，创造性地把马克思主义与中国社会主义建设实际相结合，形成了邓小平理论，使得社会主义制度在实践层面焕发出新的生机与活力。一是由点及面推动改革创新。始于农村，允许安徽凤阳小岗村实行家庭联产承包责任制；推及城市，同意设立深圳、珠海、汕头、厦门等经济特区，改革举措序次铺开。二是抓住经济体制改革的牛鼻子。从理论上破除姓资、姓社与市场经济、计划经济之间的绝对联系，从实践上推

① 《邓小平文选》第2卷，人民出版社1994年版，第142页。

动有调节的计划经济、进而发展并确立了社会主义市场经济体制，极大地调动了市场主体的积极性，促进了经济快速发展。三是创造性提出“一国两制”的科学构想，成功解决了香港、澳门回归问题。此外，这一时期，我们党在领导改革创新的过程中还推动了政治、文化等其他领域的改革，比如，废除领导职务终身制、实现干部退休制度、恢复高考制度等，都取得了显著成效，充分显示出创新理论和制度实践的强大生命力。

第三，改革创新理论的巩固与相关制度发展。党的十三届四中全会以来，我们在继承历史传统的基础上，与时俱进地巩固和发展中国特色改革创新思想。“三个代表”重要思想的提出，实现了党的建设理论的重大发展和创新。在创新理论指导下，我们坚定不移地推进经济、政治、文化等各方面的制度发展。确立了社会主义市场经济体制改革总体目标、主要任务和基本框架，确立了以公有制为主体、多种所有制经济共同发展的基本经济制度，促进经济快速发展；大力发展中国特色社会主义民主政治，保障了社会局面的团结稳定；重视创新精神和人才培养，大力实施科教兴国战略。党的十六大以来，我们提出了贯彻落实科学发展观，实现了思想理论上的创新。在实现理论创新的同时还积极推动制度实践，用改革的举措破解经济社会发展难题，推动社会主义现代化建设和发展。创新转变经济发展方式，经济发展从主要依靠第二产业向依靠第一、二、三产业协同发展转变，推动产业结构优化，促进经济又好又快发展；提出社会主义核心价值体系，创新推动文化大发展、大繁荣；加强社会建设与管理创新，初步建立了覆盖城乡居民的社会保障体系，推动经济建设和社会建设平衡发展。

第四，改革创新理论与制度实践的全面深化。党的十八大以来，以习近平同志为核心的党中央，始终坚持改革开放，坚持改革创新。习近平总书记明确指出，“改革开放是坚持和发展中国特色社会主义的必由之路，所以必须始终把改革创新精神贯彻到治国理政的各个环节，不断推进我国社会主义制度自我完善和发展。”① “创新是引领发展的第一动力。我们要把创新摆在国家发展全局的核心位置，不断推进理论创新、制度创新、科技创新、文化创新等各方面创新，让创新贯穿党和国家一切工作，让创新在全社会蔚然成风。”② 以习近平同志为核心的党中央以锐意改革的创新精神提出了一系列新思想、新理念、新战略，创造性地回答了“新时代坚持和发展什么样的中国特色社会主义、怎样坚持和发展中国特色社会主义”等重大问题，形成了习近平新时代中国特色社会主义思想，并引领改革全面发力、多点突破、纵深推进，主要领域改革主体框架基本确立，重点领域和关键环节改革取得突破性进展。在经济建设领域，围绕使市场在资源配置中起决定性作用和更好发挥政府作用，改革整体推进、重点突破，激发发展动力和创新活力的作用逐步显现，社会主义市场经济体制不断完善；在政治建设领域，围绕坚持党的领导、人民当家作主、依法治国有机统一，民主法制改革稳步推进，社会主义民主

---

① 《习近平谈治国理政》第 1 卷，外文出版社 2018 年版，第 13 页。
② 《习近平谈治国理政》第 2 卷，外文出版社 2017 年版，第 198 页。

政治建设不断取得新进展；在文化建设领域，围绕培育和弘扬社会主义核心价值观和建设社会主义文化强国，文化体制改革纵深推进，社会主义先进文化创新创造活力进一步释放；在社会建设领域，围绕更好保障和改善民生、促进社会公平正义，积极推动脱贫攻坚、教育、就业、医疗、养老、社会保障等民生领域改革，人民群众获得感、幸福感、安全感持续增强；在生态文明建设领域，围绕建设美丽中国，生态文明体制改革加快推进，生态环境保护和自然资源管理制度框架基本形成；在党的建设领域，党的建设制度改革协调推进，深化纪检监察体制改革，反腐败斗争形成压倒性态势，全面从严治党逐步实现制度化、规范化；在国防和军队建设领域，大刀阔斧的重塑性改革推动强军战略实现历史性突破。全面深化改革迎风破浪、大刀阔斧、攻坚克难，解决了许多长期想解决而没有解决的难题，办成了许多过去想办而没有办成的大事，推动党和国家事业发生历史性变革，中国特色社会主义进入了新的发展阶段。[①] 改革创新成为中国共产党鲜明旗帜和当代中国时代特征。

第三节　新时代继续坚持改革创新精神完善制度体系

完善和发展中国特色社会主义制度、推进国家治理体系和治

① 中共中央党史研究室：《党的十八大以来大事记》，《人民日报（海外版）》2017 年 10 月 16 日。

理能力现代化，是新时代全面深化改革的总目标，是实现“两个一百年”奋斗目标的重大任务。坚定制度自信，发挥制度优势，切实把国家制度优势更好地转化为国家治理效能，必须认真学习宣传贯彻党的十九届四中全会精神，牢牢把握“坚持和巩固什么、完善和发展什么”这个重大政治问题，充分发挥“坚持改革创新、与时俱进，善于自我完善、自我发展，使社会充满生机活力的显著优势”，坚持全面深化改革，加强顶层设计，优化治理体系，完善制度集成，提高治理效能，在保持国家制度和国家治理体系稳定性、延续性基础上，不断改革创新、与时俱进，自我完善、自我发展，才能更好地发挥制度效用应对风险挑战，最大限度地发挥出制度在治国安邦中的巨大效能。

第一，坚持全面深化改革。坚持全面深化改革，是新时代坚持和发展中国特色社会主义的基本方略之一。历史已经表明并将继续证明，只有社会主义才能救中国，只有改革开放才能发展中国、发展社会主义、发展马克思主义。一是必须坚决破除一切不合时宜的思想观念和体制机制弊端，突破利益固化的藩篱。党的十八大以来，以习近平同志为核心的党中央高度重视加强改革的顶层设计和总体规划，协调推进经济、政治、文化、社会、生态等各方面体制改革，敢于啃硬骨头，敢于涉险滩，坚决破除一切妨碍科学发展的体制机制弊端，激发起全社会创造活力，推动国家各项事业蓬勃发展，取得了巨大的历史性成就。新时代，我们须以更大的政治勇气和智慧，抓住重要历史机遇期，持续解放思想，持续深化重要领域改革，攻克体制机制上的顽瘴痼疾，进一步解放和发展社会生产力，进一步激发和凝聚社会创造力。二是必须高度重视社会主要矛盾的历史性转化。党的十九大报告提出，中国特色社会主义进入新时代，我国社会主要矛盾已经转化为人民日益增长的美好生活需要和不平衡不充分的发展之间的矛盾。在全面深化改革的着力点上，我们要着力解决好发展不平衡不充分问题，大力提升发展质量和效益，更好推动人的全面发展、社会全面进步。三是必须吸收人类文明有益成果，充分发挥我国社会主义制度优越性。一个国家选择什么样的制度体系，是由这个国家的历史传承、文化传统、经济社会发展水平决定的。我们全面深化改革，是要使中国特色社会主义制度更好。我们说坚定制度自信，不是要故步自封，而是要不断革除体制机制弊端，让我们的制度成熟而持久。

第二，坚持顶层设计。中国特色社会主义是改革开放以来党的全部理论和实践的主题。2018 年 12 月 18 日，习近平总书记在庆祝改革开放 40 周年大会上的重要讲话中指出："改什么、怎么改必须以是否符合完善和发展中国特色社会主义制度、推进国家治理体系和治理能力现代化的总目标为根本尺度，该改的、能改的我们坚决改，不该改的、不能改的坚决不改。"① 一是明确改革创新的政治方向。要坚定道路自信、理论自信、制度自信、文化自信，既不走封闭僵化的老路，也不走改旗易帜的邪路，始终保持政治定力，始终坚持和发展中国特色社会主义，坚定不移

① 闻言：《坚定不移推进全面深化改革在新时代创造中华民族新的更大奇迹——学习习近平〈论坚持全面深化改革〉》，《人民日报》2019 年 1 月 18 日。

走中国特色社会主义道路，不断完善和发展中国特色社会主义国家制度和国家治理体系。二是坚持顶层设计。要加强全面谋划，注重统筹协调，有效增强各项改革的关联性和互动性，推进各领域制度相互支撑、良性互动。三是加强战略谋划。要处理好立足当前和着眼长远的关系，做好前期调研和分析研判，兼顾好、平衡好各方面关系，推动国家制度和国家治理体系自我完善和发展持续健康进行。四是做到破立结合。要着力固根基、扬优势、补短板、强弱项，既有效突破阻碍贯彻新发展理念的利益藩篱、机制障碍，又建立适应新时代和实践要求的体制，将社会治理的好经验、好做法及时上升为管长远的制度法规。五是提升治理能力。要以坚持和完善中国特色社会主义制度、推进国家治理体系和治理能力现代化为主轴，从各个领域协同推进国家治理体系和治理能力现代化，不断加强系统治理、依法治理、综合治理、源头治理，全面构建系统完备、科学规范、运行有效的制度体系。

第三，坚持问题导向。坚持问题导向是马克思主义的鲜明特点，也是我们党的优良传统和宝贵经验。马克思曾指出："世界史本身，除了通过提出新问题来解答和处理老问题之外，没有别的方法。"① 毛泽东在《反对党八股》中也曾鲜明指出："什么叫问题？问题就是事物的矛盾。哪里有没有解决的矛盾，哪里就有问题。"② 2013 年 11 月 9 日，习近平总书记在中共十八届三中全会上作的说明中指出："在认识世界和改造世界的过程中，旧的

---

① 《马克思恩格斯全集》第 1 卷，人民出版社 1995 年版，第 203 页。

② 《毛泽东选集》第 3 卷，人民出版社 1991 年版，第 839 页。

问题解决了，新的问题又会产生，制度总是需要不断完善，因而改革既不可能一蹴而就、也不可能一劳永逸。”[①]《决定》中提出的重点任务具有鲜明的问题导向，要在党中央统一领导下，紧密结合实际，加强调查研究，善于发现问题，明确回答难点问题，重点解决实际问题，着力化解体制机制弊端造成的问题，不断将各项改革推向深入，从而更好地完善国家制度和国家治理体系。一是坚持以人民为中心的发展思想，加强和创新社会治理，聚焦民生难点、痛点、堵点问题，从教育、医疗、就业、养老、社会保障、收入分配等人民群众反映集中的问题入手，增强改革意识，注重创新驱动，把增强人民群众获得感、幸福感、安全感放在突出位置，不断完善相关领域体制机制，通过改革创新切实解决群众关心的问题。二是最大限度激发全社会的创造活力，充分发挥社会各方面的积极性、主动性、创造性，不断激发创新发展的内生动力，营造大胆创新、勇于创新、包容创新的社会氛围，形成市场、国家、社会良性互动的格局，不断提高社会治理现代化水平，使经济社会又好又快地发展。

第四，坚持守正创新。中国特色社会主义制度是当代中国发展进步的根本保证。2014 年 2 月 17 日，习近平总书记在省部级主要领导干部学习贯彻十八届三中全会精神全面深化改革专题研讨班上的重要讲话中强调：“我们全面深化改革，不是因为中国特色社会主义制度不好，而是要使它更好；我们说坚定制度自

① 习近平：《关于〈中共中央关于全面深化改革若干重大问题的决定〉的说明》，《人民日报（海外版）》2013 年 11 月 16 日。

信，不是要固步自封，而是要不断革除体制机制弊端，让我们的制度成熟而持久。”[①]“守正”是根基，“创新”是源泉。一是把坚定制度自信和不断改革创新统一起来，努力做到在守正中创新、在创新中守正，不断推动全面深化改革向纵深发展，让国家制度和治理体系呈现出更显著的优势，展现出更加旺盛的生机活力。二是运用辩证唯物主义和历史唯物主义的观点和方法，认清制度优势，把握制度建设守正创新的辩证法，科学把握好“变”与“不变”的关系，实现继承和创新的有机统一，在保持国家制度和国家治理体系稳定性延续性的基础上，不断根据发展变化的新情况，予以改革创新、发展完善。三是坚持现实性和前瞻性的有机统一，统筹整体推进和重点突破，突出坚持和完善支撑中国特色社会主义制度的根本制度、基本制度、重要制度，深入推进各类体制性、机制性、政策性改革，加快建立健全适应国家治理体系和治理能力现代化需要的制度、满足人民日益增长的美好生活需要必备的制度，及时总结实践中的好经验好做法，把成熟的经验做法上升为制度，推动中国特色社会主义制度和国家治理体系在落实中创新。

当今世界正面临百年未有之大变局，社会主义中国已经巍然屹立在世界东方，中国特色社会主义进入新时代，我们党正站在“两个一百年”奋斗目标历史交汇点上，中华民族正处于实现伟大复兴的关键时期，为顺利完成党的十九大提出的到本世纪中叶

① 徐伟新：《以坚定的制度自信推进全面深化改革——学习习近平总书记关于全面深化改革的重要论述》，《光明日报》2014 年 8 月 11 日。

制度建设和治理能力建设的目标，更加需要充分发挥“坚持改革创新、与时俱进，善于自我完善、自我发展，使社会充满生机活力的显著优势”，把我国制度优势更好转化为国家治理效能，进一步夯实实现中华民族伟大复兴的制度根基。在新时代中国特色社会主义伟大实践中，更要深刻领会中国特色社会主义制度和国家治理体系的显著优势，坚持改革创新，不断与时俱进，自觉强化制度意识，坚决维护制度权威，坚定中国特色社会主义制度自信，不断增强制度执行力，善于运用制度推动工作，全面提高执政本领和治理能力，继续书写马克思主义政党引领社会全面进步的新时代篇章。

第十章

坚持中国特色人才制度优势

党的十九届四中全会指出，“坚持德才兼备、选贤任能，聚天下英才而用之，培养造就更多更优秀人才”是我国国家制度和国家治理体系的显著优势之一。千秋基业，人才为本。人才制度是中国特色社会主义制度的重要内容和优势，也是实现国家治理体系和治理能力现代化的重要力量和支撑。深入学习贯彻落实全会精神，就要努力形成“尊重知识、尊重人才”的文化生态氛围，切实加快人才制度和政策创新，为实现“两个一百年”奋斗目标、实现中华民族伟大复兴的中国梦提供坚实的人才资源保障，为推进国家治理体系和治理能力现代化贡献智慧和力量。

第一节　马克思主义经典作家的人才观

马克思主义认为，人是生产力中最活跃的因素。纵观人类发展史，就是一部人类文明演进的历史，一部思想解放的历史，一部生产发展史与经济发展史，是一部人类在各个不同领域不断创新发展的历史，实际上也是人才不断创发展的历史。马克思主义经典作家们从人的本质、人的需求、人的全面发展、杰出人才与人民群众关系、人作为生产力要素等多角度多维度对人才问题进行了开拓性思考与研究，为马克思主义者后续研究提供了理论起点和思想指导。

马克思专门论述人才问题的著作虽然并不多，但在一些著作中表达了其独具一格的人才观，其中“人的全面发展”思想是马克思人才观的精髓。马克思在思考人的需要、人的素质和人的本质的全面发展过程中，也蕴含着对人的成长、成才、成就、成功等方面的思考，这也成为马克思主义人才理论的重要思想基础。最初于《1844年经济学哲学手稿》中马克思提出“人的全面发展”思想。在《德意志意识形态》中，马克思将“个人的全面发展”进行了新的表达，即“全面地发展自己的一切能力”。在《共产党宣言》中，马克思、恩格斯则指出：在共产主义社会，“每个人的自由发展是一切人的自由发展的条件”。马克思第一次提出“人才”这一词，则是出现在《1848年至1850年的法兰西阶级斗争》一文中：“置身于官方反对派的行列或者完全处于选举权享有者的范围之外的有上述阶级的意识形态代表和代言人，即它们的学者、律师、医生等等，简言之，就是它们的那些所谓‘专门人才’。”[①] 在《关于费尔巴哈的提纲》中马克思又指出：“人的本质不是单个人所固有的抽象物，在其现实性上，它是一

① 《马克思恩格斯选集》第1卷，人民出版社2012年版，第447页。

切社会关系的总和”，“全部社会生活在本质上是实践的。凡是把理论引向神秘主义的神秘东西，都能在人的实践中以及对这种实践的理解中得到合理的解决”[①]。由此说来，人才要在实践中、在生产劳动中得以培养。人才培养和生产劳动相结合是马克思主义人才思想的重要组成部分。马克思认为：“生产劳动同智育和体育相结合，它不仅是提高社会生产的一种方法，而且是造就全面发展的人的唯一方法。”[②] 恩格斯也如是说道：“一方面，任何个人都不能把自己在生产劳动这个人类生存的自然条件中所应参加的部分推到别人身上；另一方面，生产劳动给每一个人提供全面发展和表现自己全部的即体力的和脑力的能力的机会，这样，生产劳动就不再是奴役人的手段，而成了解放人的手段，因此，生产劳动就从一种负担变成一种快乐。”[③]

列宁在社会主义革命和建设过程中对人才的概念内涵、人才的发现、培养与使用等都有一系列论述，提出了许多关于人才问题的思想和观点。人才是什么？列宁在1922年2月给财政人民委员部的信中就极其简明扼要地说道：“人才——精明强干的人。”[④] 列宁还说道：“所谓专家是指科学技术人员以及那些在进行贸易、组织大企业、监督经济业务等方面具备实际工作经验和知识的人员。”[⑤] 而这样有才能的人不是很少，而是很多，并且

---

① 《马克思恩格斯选集》第1卷，人民出版社2012年版，第135—136页。

② 《马克思恩格斯全集》第23卷，人民出版社1972年版，第530页。

③ 《马克思恩格斯全集》第3卷，人民出版社1972年版，第333页。

④ 《列宁全集》第35卷，人民出版社1959年版，第552页。

⑤ 《列宁全集》第33卷，人民出版社1963年版，第164页。

大量存在人民中间，“有才能的人在人民中间是无穷无尽的”[①]。“‘老百姓’中即工人和不剥削别人劳动的农民中，有大量的有组织才能的人。”[②] 人才存在于人民群众之中，人才的宝库是人民群众。问题是如何发现和使用好人才。“问题是我们不善于发现他们，不善于把他们安排在适当的领导岗位上，不善于和他们一起研究苏维埃建设的实际经验”[③]。对于那些脱离现实、闭眼不看现实，诋毁俄国没有人才的人，列宁严厉批评并说道：“我真想建议把那些竟敢说没有人才的人当场枪决”[④]。针对形势和任务需要，列宁又指出：“……全部工作的关键在于挑选人才和检查执行情况。只要我们在这方面确实学到东西，收到实际成效，那我们就能重新克服一切困难。”[⑤] 列宁在写给瞿鲁巴的信中还说：“要研究人，要发现有才干的工作人员。现在关键就在这里，不然的话，一切命令和决定不过是些肮脏的废纸而已。”[⑥] 基于人才在革命和建设中的重要性，列宁还指出，既要在实践中发现人才、寻找人才，还应该爱惜人才、保护人才。“必须像爱护眼珠一样地爱护人才，不仅在直接意义上要保护他们免受警察的迫害，而且为了这个刻不容缓的事业必须爱护他们，不要使他们热衷于其他一般说来是有益的，但不适时的任务。”[⑦] 在选拔人才的标准上，列宁认为应当选拔“具有清醒头脑和实际才干的人，

---

① 《列宁全集》第 33 卷，人民出版社 1985 年版，第 200 页。
② 《列宁全集》第 34 卷，人民出版社 1985 年版，第 173 页。
③ 《列宁全集》第 40 卷，人民出版社 1986 年版，第 328 页。
④ 《列宁全集》第 9 卷，人民出版社 1987 年版，第 228 页。
⑤ 《列宁全集》第 43 卷，人民出版社 1987 年版，第 108 页。
⑥ 《列宁全集》第 42 卷，人民出版社 1987 年版，第 392 页。
⑦ 《列宁全集》第 44 卷，人民出版社 1990 年版，第 248 页。

他们既忠实于社会主义，又善于不声不响地（而且能排除各种纷扰和喧嚷）使很多人在苏维埃组织范围内坚定地、同心协力地工作”[①]。

在新中国成立之前，中国共产党和共产党人也认识到人才管理工作的至关重要性，注重人才教育与培养。如早在苏区时期，毛泽东就指出苏维埃文化教育的中心任务“是厉行全部的义务教育，是发展广泛的社会教育，是努力扫除文盲，是创造大批领导斗争的高级干部”[②]。中央苏区一方面通过《红色中华》《斗争》《党的建设》《苏区工人》等出版物宣传马列主义思想、宣传党的路线方针政策，以思想宣传来加强人才教育培训，另一方面还通过正规学校，如红军大学、红军彭杨步兵学校、地方游击队干部学校、中央马克思共产主义学校等，培训干部人才。同时，各省、县的党政组织还经常举办短期的干部培训班，如举办党支书训练班、军事训练班等，逐步壮大干部人才队伍。1938 年 10 月毛泽东在《中国共产党在民族战争中的地位》一文，就专门章节论述“干部政策”，并指出：“中国共产党是在一个几万万人的大民族中领导伟大革命斗争的党，没有多数才德兼备的领导干部，是不能完成历史任务的。十七年来，我们党已经培养了不少的领导人材，军事、政治、文化、党务、民运各方面，都有了我们的骨干，这是党的光荣，也是全民族的光荣。但是，现有的骨干还

① 《列宁选集》第 3 卷，人民出版社 1995 年版，第 495 页。

② 江西省档案馆、中共江西省委党校党史教研室：《中央革命根据地史料选编》（下册），江西人民出版社 1982 年版，第 331 页。

不足以支撑斗争的大厦，还须广大地培养人材。”[①] 在中国人民的伟大斗争过程中，组织、培养和爱护不断涌现的积极分子，这是中国共产党的责任之所在。毛泽东由此还提出了著名的论断：“政治路线确定之后，干部就是决定的因素。因此，有计划地培养大批的新干部，就是我们的战斗任务。”[②]

第二节　中国特色社会主义人才制度的实践发展

从站起来、富起来再到强起来的进程中，党和政府都高度重视人才问题，历代党和国家领导人都对人才问题作了重要论述，并在实践中形成了一系列人才思想，逐步建立与丰富了人才战略与人才制度。

新中国成立伊始，各方面建设都百废待兴，急需大量的人才。为了适应国家建设急速发展之所需，这个时期的人才政策和人才制度重在团结和改造原有知识分子，培养新中国需要的新的知识分子。一方面，通过一些必要的条件以及政治上和业务上的领导，教育、改造和团结了国内的知识分子，另一方面，还通过引进苏联专家、派遣大量人员到苏联学习考察和争取留居国外的知识分子回国投身于祖国建设等，为新中国建设赢得了不少人才。数据表明，当年 4.5 亿人口中 90％是文盲，各类知识分子仅有 200 万，其中高级知识分子只有 10 万人，全国高等院校仅

① 《毛泽东选集》第 2 卷，人民出版社 1991 年版，第 526 页。
② 《毛泽东选集》第 2 卷，人民出版社 1991 年版，第 526 页。

227所，在校生13万人。解决人才紧缺问题已然成为燃眉之急。因此，仅仅在新中国成立还不到一个月，即1949年10月31日，毛泽东便亲自将中国科学院印章颁给院长郭沫若。翌日，中国科学院便正式成立。毛泽东指出："没有知识分子，我们的事情就不能做好，所以我们要好好地团结他们。"[①] 周恩来站在新中国国家建设的战略高度上，也反复提到人才的重要性。周恩来认为，生产的恢复和发展，物质财富的创造，综合国力的增强，都需高素质的人力资源。"我们要建设，干部人才就成为一个决定性因素。"[②] 国家要建设即使"其他条件都具备，缺乏干部、人才也是不行的。"[③] 但现实问题是，知识分子的不足成为当时最大的不足，"人才缺乏已成为我们各项建设中的一个最困难的问题。不论在经济建设、国防建设，还是在巩固政权方面，我们都需要人才。只要我们的工作展开了，中国的知识分子就不是太多，而是太少了"[④]。1956年1月，中共中央专门召开了关于知识分子问题的会议。周恩来在会上作了《关于知识分子问题的报告》，对知识分子的状况进行了多方面的说明，并就如何通过对知识分子的使用和安排、对知识分子的充分了解以及以必要的工作条件和适当的待遇等最充分地动员和发挥知识分子的力量等，都提出了具体的要求和安排。报告为正确的知识分子政策奠定了基础。毛泽东在这次会议的最后一天到会讲话并指出："现在叫技

---

① 《毛泽东文集》第6卷，人民出版社1999年版，第270页。
② 《周恩来教育文选》，教育科学出版社1984年版，第71页。
③ 《周恩来教育文选》，教育科学出版社1984年版，第71页。
④ 《周恩来教育文选》，教育科学出版社1984年版，第34页。

术革命、文化革命，革愚蠢无知的命，没有知识分子是不行的，单靠老粗是不行的。中国应有大批知识分子。”① 在中国共产党第八届中央委员会扩大的第三次全体会议上，毛泽东又提出“又红又专”的人才标准。毛泽东辩证剖析道：“政治和业务是对立统一的，政治是主要的，是第一位的，一定要反对不问政治的倾向；但是，专搞政治，不懂技术，不懂业务，也不行。我们的同志，无论搞工业的，搞农业的，搞商业的，搞文教的，都要学一点技术和业务。我看也要搞一个十年规划。我们各行各业的干部都要努力精通技术和业务，使自己成为内行，又红又专。”②

但从 1957 年开始，直到 1976 年，由于对国内外形势的错误估计和对知识分子阶级属性的错误判断，我国的人才政策和人才制度总体上出现了重大失误，这使得许多知识分子受到打击和迫害，极大地挫伤了知识分子的积极性，也滞缓了社会主义现代化建设的进程。

党的十一届三中全会以来，人才政策重新步入正确的轨道，人才制度的实践探索进入了新阶段。事实上，中央组织部于 1978 年 11 月 3 日就下发了《关于落实党的知识分子政策的几点意见》，提出对知识分子要“充分信任放手使用，做到有职有权有责”，“争取在三五年内使我们企事业的各级领导班子中真正懂技术、会管理的干部占到百分之三十、五十以至七十”。“要从政治上关心知识分子……各级党组织要积极工作，加强培养，对符

① 《中华人民共和国大事纪事本末》，吉林教育出版社 1992 年版，第 340 页。

② 《毛泽东文集》第 7 卷，人民出版社 1999 年版，第 309 页。

合无产阶级先进分子条件的，要按照党章规定吸收他们入党。”[①]党的十一届三中全会实现了思想上、政治上、组织上的拨乱反正，尤其是教育战线的拨乱反正，使得选拔培养人才的考试制度重新得以恢复。邓小平继承和发展了毛泽东关于“政治路线确定之后，干部就是决定的因素”的重要观点，充分肯定了人才实现现代化中的重要性，并提出社会主义现代化建设“关键在于人”的论断。邓小平指出：“现在我们国家面临的一个严重问题，不是四个现代化的路线、方针对不对，而是缺少一大批实现这个路线、方针的人才，道理很简单，任何事情都要人干，没有大批的人才，我们的事业就不能成功”[②]。对于如何培养、发现和使用人才，邓小平也有一系列论述，为新时期人才制度的发展提供了思想指导。比如，1982 年在与国家计委负责同志的谈话中，就说道：“你们还提出要把科学技术工作和人才培养使用工作做好，我看最难的是这一条。没有一套办法，怎么能把几百万知识分子骨干用起来？……要落实知识分子政策，第一位的就是科技队伍的管理使用问题。人才，只有大胆使用，才能培养出来。对那些真正有本事的人，要放手提拔，在工资级别上破格提高。招聘也是个办法。我们要开一条路出来，让有才能的人很快成长，不要老是把人才卡住。[③] 面对当时的形势，还应当在政治上对知识分子充分信任，做到人尽其才，才尽其用，合理使用。1984 年 10 月邓小平《在中央顾问委员会第三次全体会上的讲话》又说：

---

① 《知识分子问题文献汇编》，人民出版社 1983 年版，第 58 页。

② 《邓小平文选》第 2 卷，人民出版社 1994 年版，第 220 页。

③ 《邓小平文选》第 3 卷，人民出版社 1993 年版，第 17—18 页。

“这个文件一共十条，最重要的是第九条……概括地说就是‘尊重知识，尊重人才’八个字，事情成败的关键就是能不能发现人才，能不能使用人才。”① 随后在 1985 年 3 月全国科技工作会议上，邓小平又指出：“第一，能不能每年给知识分子解决一点问题，要切切实实解决，要真见效。第二，要创造一种环境，使拔尖人才能够脱颖而出。改革就是要创造这种环境。”② 作为有着十多亿人口的大国，人才资源的巨大优势是任何国家都比不了的。“有了人才优势，再加上先进的社会主义制度，我们的目标就有把握达到。”③

20 世纪 90 年代以来，随着世界范围内的竞争日益加剧，我国政府提出了科教兴国、可持续发展和人才强国等一系列发展战略，人才战略成为国家战略不可或缺的一部分，中国特色社会主义人才制度进入了新的发展台阶。1990 年 8 月 14 日，中共中央下发了《关于进一步加强和改进知识分子工作的通知》，通知指出：“党的十一届三中全会以来，党的知识分子政策的核心是尊重知识、尊重人才。实践证明，这一政策和依据这一政策制定的一系列措施，得到了广大知识分子和人民群众的拥护。对此，必须毫不动摇地坚决贯彻执行，并在实际工作中不断加以完善。”④ 党的十四大报告中再次强调：“要努力创造更加有利于知识分子施展聪明才智的良好环境，在全社会进一步形成尊重知识、尊重

---

① 《邓小平文选》第 3 卷，人民出版社 1993 年版，第 91—92 页。

② 《邓小平文选》第 3 卷，人民出版社 1993 年版，第 108—109 页。

③ 《邓小平文选》第 3 卷，人民出版社 1993 年版，第 120 页。

④ 中共中央文献研究室：《十三大以来重要文献选编》（中），人民出版社 1991 年版，第 1223—1224 页。

人才的良好风尚。下决心采取重大政策和措施，积极改善知识分子的工作、学习和生活条件，对有突出贡献的知识分子给予重奖，并形成规范化的奖励制度。”[①] 2001 年中共中央明确了“要确立人才资源是第一资源的思想”，并于 2002 年 6 月颁布了《2002—2005 年全国人才队伍建设规划纲要》，首次将人才规划作为国民经济和社会发展规划的一个重要组成部分，将人才战略提升为国家战略。2002 年 11 月，江泽民同志在党的十六大报告中明确指出，要“尊重劳动，尊重知识、尊重人才、尊重创造”，这既继承了邓小平“尊重知识，尊重人才”的思想，又进一步提出了“四个尊重”方针，这无疑是中国特色社会主义人才制度和人才思想的丰富和发展。2003 年 12 月 19 日至 20 日，中共中央、国务院在北京召开了 1949 年以来第一次以人才为主题的全国性工作会议，会后下发的《中共中央、国务院关于进一步加强人才工作的决定》指出：“新世纪新阶段人才工作的根本任务是实施人才强国战略。”这标志着我国人才强国战略进入全面展开、整体推进的发展阶段。胡锦涛同志在这次全国人才工作会议上提出要牢固树立人才资源是第一资源的观念、人人都可以成才的观念和以人为本的三种人才观念，并强调指出：“人才问题是关系党和国家事业发展的关键问题。全党同志必须从全局和战略的高度，以高度的政治责任感和历史使命感，把实施人才强国战略作

---

① 中共中央文献研究室：《十四大以来重要文献选编》（上），人民出版社 1996 年版，第 35 页。

为党和国家一项重大而紧迫的任务抓紧抓好”。[①] 2007 年 10 月，党的十七大报告第一次把人才强国战略写入《党章》，进一步提升了人才强国战略在国家战略布局中的地位。在 2010 年召开的全国人才工作会议上，党中央又提出了“人才是科学发展的第一资源”等新理念，制定了我国第一个中长期人才发展规划、颁布了《国家中长期人才发展规划纲要（2010—2020 年）》，明确了当前和今后一个时期我国人才发展的总体目标、指导方针、工作重点、政策措施等内容，把人才的重要性提升到了新的高度，也把中国特色社会主义人才制度发展推进了新台阶。

党的十八大以来，以习近平同志为核心的党中央把人才工作摆在更加突出的位置，采取有力举措深入推进人才优先发展，以制度优势聚焦人才优势，着力破除体制机制障碍，解放和增强人才活力，人才发展体制机制改革取得重要突破，开启了加快人才强国建设新征程，中国特色社会主义人才制度的发展被推上了新高度。2016 年，党中央颁布《关于深化人才发展体制机制改革的意见》《关于实行以增加知识价值为导向分配政策的若干意见》；国务院印发《实施〈中华人民共和国促进科技成果转化法〉若干规定》；2017 年 1 月，《关于深化职称制度改革的意见》正式出台；2018 年 7 月初，中办、国办又印发了《关于深化项目评审、人才评价、机构评估改革的意见》，从中央到地方全面发力，加快推进人才培养、评价、流动、激励、引进等重点领域和

① 《以“三个代表”重要思想为指导大力实施人才强国战略为全面建设小康社会提供坚强人才保证和智力支持》，《人民日报》2003 年 12 月 21 日。

关键环节的改革，为人才发展注入了强大动力，极大地丰富发展了中国特色社会主义人才制度的理论和实践。

第三节　中国特色社会主义人才制度的主要内容和显著优势

新中国成立以来，尤其是改革开放 40 多年来，我国人才事业获得长足发展，人才规模迅猛扩大，人才体制改革持续深入，中国特色人才制度逐步形成与确立，并成为中国特色社会主义制度体系不可或缺的重要组成部分，人才制度也彰显出了显著优势。

第一，树立了“人人皆可成才、人人尽展其才”的大人才观。新中国成立以来，党和国家就一直很重视人才，虽然其中经历过曲折，但总体上形成了尊重人才的氛围。对人才的认知，也在不断发展，从把干部和知识分子视作人才到“人人可以成才”，大大延伸了人才的概念内涵。新中国成立初期，当时所讲的人才主要包括干部和知识分子。改革开放之后，人才概念和人才标准都发生了新的变化。1982 年国家把“人才”定义为“具有中专以上学历或初级以上专业技术职称的人”。但人才概念内涵和外延都在发生变化，2003 年全国人才工作会议指出“只要具有一定的知识或技能，能够进行创造性劳动，为推进社会主义物质文明、政治文明、精神文明建设，在建设中国特色社会伟大事业中做出积极贡献，都是党和国家需要的人才。”《国家中长期人才发展规划纲要（2010—2020 年）》中提出，人才是指具有一定的专业知识或专门技能，进行创造性劳动并对社会作出贡献的人，是人力资源中能力和素质较高的劳动者。这个概念对人才的价值属性、成为人才的基本要求和本质特征都有涵括，进一步丰富和完善人才概念的内涵与外延。党的十八大报告也专门强调要“开创人人皆可成才、人人尽展其才的生动局面”。2013 年习近平总书记在全国组织工作会议上也指出：“要树立强烈的人才意识，寻觅人才求贤若渴，发现人才如获至宝，举荐人才不拘一格，使用人才各尽其能。”[①] 在党的十九大报告上，习近平总书记也提出：“实现更加积极、更加开放、更加有效的人才政策，以识才的慧眼、爱才的诚意、用才的胆识、容才的雅量、聚才的良方，把党内和党外、国内和国外各方面优秀人才集聚到党和人民的伟大奋斗中来，……努力形成人人渴望成才、人人努力成才、人人皆可成才、人人尽展其才的良好局面。”[②] 要营造人才辈出、人尽其才的良好环境。“环境好，则人才聚、事业兴；环境不好，则人才散、事业衰。”[③] 从“人才存在于人民群众中”到“不唯学历、不唯职称、不唯资历、不唯身份，不拘一格选人才”到“鼓励人人作贡献、人人都能成才”，再到“关心人才成长，鼓励和支持人人都作贡献、人人都能成才、行行出状元”等等，见证着我们

① 习近平：《建设一支宏大高素质干部队伍 确保党始终成为坚强领导核心》，《人民日报》2013 年 6 月 30 日。

② 习近平：《决胜全面建成小康社会 夺取新时代中国特色社会主义伟大胜利——在中国共产党第十九次全国代表大会上的报告》，人民出版社 2017 年版，第 64—65 页。

③ 习近平：《在欧美同学会成立 100 周年庆祝大会上的讲话》，《人民日报》2013 年 10 月 22 日。

党逐渐形成了以人才资源是第一资源、人人都可以成才、以人为本等理念为核心内容的大人才观。

第二，形成党管人才的制度优势。从“党管干部”到“党管人才”的转变，推进了人才制度的进一步发展，体现了中国特色社会主义制度优势。习近平总书记多次强调，党的领导是中国特色社会主义最本质的特征，是做好各项工作的根本保证。聚天下英才而用之，关键是要坚持党管人才原则，切实发挥党的政治优势、组织优势和思想优势，牢牢把握人才工作的大局和发展方向。习近平总书记强调指出：“办好中国的事情，关键在党，关键在人，关键在人才。”[①] 坚持党管人才原则，加强党对人才工作的领导，是我国人才工作的根本原则，是党执政兴国的制度安排，体现了中国特色人才制度优势。从2003年全国第一次人才工作会议上明确提出的“党管人才”的原则，到2012年中央印发《关于进一步加强党管人才工作的意见》，对党管人才工作进一步明确和深化，再到把党管人才写入党的十七大报告、党的十八大报告、党章和党的十九大报告，不断加强和改进党对人才工作的领导，通过管宏观、管政策、管协调、管服务，加强对人才的政治引领、政治吸纳，逐渐形成了中国特色的党管人才之径和党管人才格局，标志着党管人才工作制度化逐步成熟。

第三，秉承德才兼备、选贤任能的优良传统。“德才兼备、选贤任能”是中国共产党在长期的革命、建设、改革过程中逐步形成和发展起来的干部选拔、任用和培养的一项基本原则。毛泽

① 《加大改革落实工作力度　让人才创新创造活力充分迸发》，《人民日报》2016年5月7日。

东在1938年党的六届六中全会上就指出："中国共产党是一个在几万万人的大民族中领导伟大革命斗争的党，没有多数才德兼备的干部，是不能完成其历史任务的。"[①] 他还指出："共产党的干部政策，应是以能否坚决地执行党的路线，服从党的纪律，和群众有密切的联系，有独立的工作能力，积极肯干，不谋私利为标准，应是'任人唯贤'的路线。"[②] 毛泽东在延安提出的"才德兼备"的干部标准和"任人唯贤"的干部路线，为党的干部工作奠定了思想基础。此后的党和国家领导人提出要建设"德才兼备的干部队伍""选人用人要坚持德才兼备、以德为先"，不断发展了"德才兼备、选贤任能"的内涵。党的十八大以来，习近平总书记也反复强调"为政以德""立德树人""厚德育人"。在2013年全国组织工作会议上，习近平总书记指出，新时代党的组织路线要坚持以德为先、德才兼备、任人唯贤，强调了新时代人才工作要坚持"德才兼备、以德为先"的人才观。在与北京大学师生座谈会上，习近平总书记指出："道德之于个人、之于社会，都具有基础性意义，做人做事第一位的是崇德修身"，而且"既要在大事上看德，也要在小节上看德"[③]。

第四，建立了集聚人才的体制机制。新中国成立以来，我国人才制度建设在实践探索中经历了正反两个方面的艰难曲折，但发展至今，已经逐步建立健全了涵盖人才培养、吸引、使用、评价、流动和激励等诸多机制，为各类人才脱颖而出营造了有利的

---

① 《毛泽东选集》第2卷，人民出版社1991年版，第526页。

② 《毛泽东选集》第2卷，人民出版社1991年版，第527页。

③ 习近平：《青年要自觉践行社会主义核心价值观》，《人民日报》2014年5月5日。

制度环境。党的十八届三中全会专门提出“建立集聚人才体制机制”的改革任务，要以更大的决心冲破思想观念的束缚、突破利益固化的藩篱，努力形成具有国际竞争力的人才制度优势。在一系列意见和政策的推动下，人才流动、使用、作用发挥；人才评价与考核；人才发展与职称评定；人才引进等体制机制更为健全、科学与畅通，为人才松绑，使各方面人才各得其所、各尽所长，为人才发展注入强大动能。

第四节　坚持和完善中国特色社会主义人才制度

党的十九届四中全会《决定》提出，加强党对坚持和完善中国特色社会主义制度、推进国家治理体系和治理能力现代化的领导，要把提高治理能力作为新时代干部队伍建设的重点任务，强调要“尊重知识、尊重人才，加快人才制度和政策创新，支持各类人才为推进国家治理体系和治理能力现代化贡献智慧和力量”。这意味着在新时代面对新问题，需要改革再出发，进一步思考如何坚持和完善中国特色社会主义人才制度。

第一，进一步深入推进人才体制机制改革。总体而言，我国人才体制机制改革已经取得重大进展，一系列改革创新举措陆续推出并取得了成效，人才单一管理模式被打破，从大一统的粗放管理向人员科学分类管理转变；市场对人才资源的配置作用不断增强，人才创新创业政策环境不断优化，逐步形成有利于优秀人才成长和发挥作用的用人机制。但现行人才管理体制机制仍然还有很多不足，比如，在选人用人方面视野还不够宽阔、渠道还不够宽畅；人才的流动与配置机制还不够完善，人才的作用和效益还不能充分发挥；人才职业发展的开发力度不足，人才竞争力有待提升等。因此，要立足于推进国家治理体系和治理能力现代化的高度统筹深入推进人才体制机制改革，打破诸多限制，完善好人才评价指挥棒作用，完善人才顺畅流动的制度体系，营造更加公平、宽松、有序的制度环境，为人才发挥作用、施展才华提供更加广阔的天地，最大限度激发释放人才活力，在更高的层次上形成一套更加成熟、定型、完善、巩固的制度体系。

第二，更加充分发挥市场在人才资源配置中的决定性作用。要遵循人才供求规律，坚持市场需求导向，更好激发市场的内生驱动力，让用人主体在人才选择上有更大自主权，让人才自身在创新创造活动中有更宽松的环境。积极搭建政府、社会、市场三方良性互动的人才和智力平台，促进人才、科技、资本的快速有效融合。针对关键岗位关键人才要参照市场水平提高薪酬水平，建立起形式多样、自主灵活的分配激励机制。在人才入股、技术入股等分配政策需作出专门规定，加大落实力度，使得人才贡献与报酬相匹配。

第三，进一步提升党管人才的法治化水平。做好新时代人才工作，必须深化对党管人才的认识，准确把握党管人才的尺度和法度，自觉运用法治思维和法治方法破解人才发展难题，确保人才工作在法治轨道上进行，推进党管人才法治化，厚植党管人才制度优势。要进一步提高人才立法的位阶，加快制定《人才促进法》，确保我党依法管理人才。

第四，构建更具全球竞争力的人才制度体系，聚天下英才而用之。拓宽用人视野，增强政策开放度，从法律制度、政策规定、协调机制等多方面构建起制度保障，不断提高全球配置人才资源的能力。着力编制全球竞争力指标体系，改进人才评价机制，不断完善海外人才引进方式，敞开大门，不拘一格，实行更积极、更开放、更有效的人才引进政策，汇聚全球人才资源。着力建设国际人才虚拟集聚平台，采用各种灵活方式柔性吸引汇聚高层次专家来华工作、讲学、交流、科研攻关、创新创业。同时还走出去，通过设立人才海外飞地，在海外设立办学机构、研发机构、工作站、人才寻访机构等形式集聚优秀人才为我所用，分享全球智力资源，从而彰显出更多更优秀人才的显著优势。

第十一章

坚持党对军队绝对领导制度优势

党的十九届四中全会指出，“坚持党指挥枪，确保人民军队绝对忠诚于党和人民，有力保障国家主权、安全、发展利益”是我国国家制度和国家治理体系的显著优势之一。党指挥枪，是我们的优良传统。党对军队的绝对领导，既是我军建军的根本原则，也是我国的一项基本军事制度。习近平总书记指出，党对人民军队的绝对领导是中国特色社会主义的本质特征，是党和国家的重要政治优势，是人民军队的建军之本、强军之魂。[①]

第一节　马克思主义建军学说与中国实际相结合

依据马克思主义基本原理，国家和军队主要是阶级统治的工具。军队是统治阶级维护其阶级统治的一种工具，军队的性质取

① 《〈中共中央关于坚持和完善中国特色社会主义制度、推进国家治理体系和治理能力现代化若干重大问题的决定〉辅导读本》，人民出版社 2019 年版，第 48 页。

决于它所服务的国家的阶级属性。马克思在总结巴黎公社的经验教训时指出：无产阶级专政的首要条件就是无产阶级的军队。[①] 毛泽东指出："从马克思主义关于国家学说的观点看来，军队是国家政权的主要成分。谁想夺取国家政权，并想保持它，谁就应有强大的军队。"[②] 这里，简要地指明了军队、国家政权和政党的关系。

我党历代领导人都强调把马克思主义关于国家、政党和军队的学说与中国实际相结合，坚持党对军队的绝对领导。邓小平指出：军队要始终不渝地坚持"党的军队，人民的军队，社会主义国家的军队"的性质。[③] 江泽民提出："坚持党对军队的绝对领导这一根本政治原则，是我们军队的军魂，任何时候都不能动摇。"[④] 胡锦涛强调："党对军队的绝对领导，是我军建军的根本原则和永远不变的军魂，是我国的基本军事制度和中国特色社会主义政治制度的重要组成部分，是党和国家的重要政治优势。"[⑤]

党的十八大以来，习近平总书记鲜明提出党在新形势下的强军目标。2013 年 3 月，在十二届全国人大一次会议解放军代表团全体会议上，他明确指出，建设一支听党指挥、能打胜仗、作风优良的人民军队，是党在新形势下的强军目标，并强调全军要准确把握这一强军目标，用以统领军队建设、改革和军事斗争准

---

① 《马克思恩格斯选集》第 3 卷，人民出版社 1995 年版，第 126 页。

② 《毛泽东选集》第 2 卷，人民出版社 1991 年版，第 547 页。

③ 《邓小平文选》第 3 卷，人民出版社 1993 年版，第 334 页。

④ 江泽民：《论军队和国防建设》，解放军出版社 2003 年版，第 309 页。

⑤ 总政治部：《国防和军队建设贯彻落实科学发展观重要论述选编》，解放军出版社 2010 年版，第 201 页。

备，努力把国防和军队建设提高到一个新水平。这一目标，回答了新时代为什么要强军、强军目标是什么、怎样走中国特色强军之路等重大的时代课题，是我们党在新形势下建军治军的总方略。

如何理解党对军队的绝对领导，它主要包括哪些内容？我国宪法明确，中央军委领导全国武装力量，中央军委实行主席负责制。全国人大制定通过的军事基本法《国防法》明确规定：中华人民共和国的武装力量受中国共产党领导。党对人民军队绝对领导的根本原则，基本内容包括：军队必须无条件置于中国共产党的领导之下，在思想上政治上行动上始终同党中央、中央军委保持高度一致，坚决维护党中央、中央军委权威，任何时候任何情况下都坚决听从党中央、中央军委指挥。党对人民军队的绝对领导有一整套制度作保证，主要包括：军委主席负责制、党委制、政治委员制、政治机关制、党委统一的集体领导下的首长分工负责制，支部建在连上。[①] “我军必须完全地无条件地置于党的领导之下，无论发生什么样的情况，都毫不动摇地坚持党指挥枪的原则，一切行动听从党中央和中央军委的指挥；决不允许向党闹独立性，不允许其他政党在军队建立组织和进行活动，也不允许任何个人向党争夺兵权；未经党中央和中央军委授权，任何人不得插手军队，更不得擅自调动和指挥军队。”[②]

---

① 《〈中共中央关于坚持和完善中国特色社会主义制度、推进国家治理体系和治理能力现代化若干重大问题的决定〉辅导读本》，人民出版社 2019 年版，第 49 页。

② 总政治部：《当代革命军人核心价值观学习读本》，解放军出版社 2009 年版，第 24 页。

第二节 党对军队绝对领导的实践发展及其历史优势

党对人民军队的绝对领导的制度，发端于南昌起义，奠基于三湾改编，定型于古田会议，丰富发展于党领导人民军队革命、建设和改革的伟大实践。党指挥枪、党对军队的绝对领导，在我党我军的历史中一再显示其优势，体现在党领导我军发展壮大、通过武装斗争夺取和巩固国家政权等一系列过程之中。

第一，党缔造人民军队的客观事实。我军诞生伊始就处于党的领导之下。1927 年大革命失败，中国共产党人用血的教训得出“政权是由枪杆子中取得的”的共识。我军初创时期，其主要成分多元，雇佣思想、自由主义、军阀作风也比较严重。要把我军建设成为一支新型的人民军队，就必须在军队中贯彻和坚持党的领导。南昌起义成立了以周恩来为书记的党的前敌委员会，作为领导起义的中心，在军、师级单位建立党委，在团建立党支部，在军、师、团级单位设立党代表。这标志着党对军队领导的开始。民国革命军第 20 军军长贺龙当时就认为“国民党已经叛变了革命，国民党已经死了，我们今天要重新树立革命的旗帜，反对反动政府，打倒蒋介石。”[①] 在与周恩来面谈后受命为起义军总指挥，贺龙表示：“我完全听共产党的命令，党要我怎么干

① 《南昌起义资料》，人民出版社 1979 年版，第 272 页。

就怎么干。”[①] 在动员大会上贺龙告诉二十军官兵：“我们今天起义了，愿跟着我走的，我们一块革命；不愿跟我走的，可以离开部队。我们今后要听从共产党的领导，绝对服从共产党的命令。”[②] 在南昌起义中，革命委员会向社会各界表示：“以后的军事领袖，要服从党的指挥，不要再做新军阀蒋介石、唐生智第二。”[③] 起义后立即进行部队整编，在这一过程中，第 11 军第 24、25 师各团健全了中国共产党支部，营建立党小组，第 20 军开始发展党员，朱克靖、聂荣臻、廖乾吾分别担任第 9、第 11、第 20 军党代表，方维夏、陈恭、徐特立分别担任第 20 军第 1、2、3 师党代表。[④] 八七会议后，中共中央常委提出“革命战争，必须要创造新的革命军队。因此创造新的革命军队，不要有雇佣性质，而要开始于兵的征调，渐行于义务的征兵制，建立工农的革命军。这种军队之中要有极广泛的政治工作及党代表制度，强固的本党兵士支部，要有靠得住的忠实于革命的军官，——这是现时革命运动中最重要的任务之一。”[⑤] 针对南昌起义后，部队在转战过程中出现了大量减员。1927 年 10 月底，中共中央发布通告批评南昌起义军忽视宣传：“叶贺军队行军的时候，兵士之中并没有做充分的宣传及政治工作，所过地方的民众之中也没有宣传。”[⑥] 中共中央批评单纯军事观点，要求加强党的领导：“在

---

① 《贺龙年谱》，中共中央党校出版社 1988 年版，第 94 页。

② 《贺龙年谱》，中共中央党校出版社 1988 年版，第 95 页。

③ 南昌八一起义纪念馆编：《南昌起义》，中共党史资料出版社 1987 年版，第 25 页。

④ 《中国人民解放军军史》第 1 卷，军事科学出版社 2010 年版，第 13 页。

⑤ 《中共中央文件选集》第 3 册，中共中央党校出版社 1989 年版，第340 页。

⑥ 《中共中央文件选集》第 3 册，中共中央党校出版社 1989 年版，第 400 页。

这总的武装暴动工农革命政策之下，党的作用高于一切。必须有党的指导……政治指导集中于党是非常之重要。”[①] 这里，明确提出了党在军队中的领导地位。

第二，三湾改编奠定了党领导军队的基础。1927 年 9 月 29 日，毛泽东率领湘赣边界秋收起义部队到达江西省永新县三湾村，在这里召开了前敌委员会扩大会议。会议总结了秋收起义失败的经验教训，分析了部队的思想政治状况，决定对部队进行改编。随后，毛泽东进行了著名的“三湾改编”，打碎旧军队的基础，确立了“党指挥枪”“支部建在连上”“官兵平等”等一整套崭新的治军方略。通过整顿组织将部队缩编为一个团，其次在部队各级建立共产党组织，并创造性地提出在班排设立党小组，在连队建立党支部，团营建立党委。[②] 党支部书记负责党务工作、政治工作和群众工作，与军长共同管理和指挥部队。[③] 三湾改编还建立士兵委员会制度，让士兵参加部队的民主管理。三湾改编初步建立起党领导军队的制度。对此，毛泽东在《井冈山的斗争》一文中总结：“红军所以艰难奋战而不溃散，‘支部建在连上’是一个重要原因。”[④] 1929 年 2 月，湘赣边界特委书记杨克敏在向中央的报告中指出：“红军中的党组织，由上而下说，由军委而团委、营委，连设支部，各班自成一小组，这个组织，我们很觉得法，很能适用于斗争，因为作战大部以连为单位，每一

① 《中共中央文件选集》第 3 册，中共中央党校出版社 1989 年版，第 404 页。

② 中共中央文献研究室编：《毛泽东年谱一八九三——一九四九》（上卷），中央文献出版社 2013 年版，第 220 页。

③ 《中国人民解放军军史》第 1 卷，军事科学出版社 2010 年版，第 18 页。

④ 《毛泽东选集》第 1 卷，人民出版社 1991 年版，第 65—66 页。

个作战单位有一个支部，会处理和指挥一个作战单位的事，很觉便当，我们的军队其所以打败仗而不致于溃败，这个组织的好处，应为主要的原因。”[①] 周恩来在主持起草的中央给贺龙并湘鄂西前委的信中提出：“在朱、毛军队中，党的组织是以连为单位，每连建立一个支部，连以下分小组，连以上有党委、团委等组织。因为每连都有组织，所以在平日及作战时，都有党的指导和帮助。据朱、毛处来人说，这样组织，感觉还好。将来你们部队建党时，这个经验可以备你们参考。”[②] 针对一些错误的思想倾向，毛泽东在1929年6月给林彪的信中明确提出了党的“绝对的指挥权”“绝对的党领导”等概念。[③]

第三，党对军队的绝对领导定型于古田会议。1929年12月28日，红四军党的第九次代表大会在福建省上杭县古田村召开，这就是著名的“古田会议”。毛泽东起草的古田会议决议案指出：红军“决不是单纯的打仗的，他除了打仗一件工作之外，还要担负宣传群众，组织群众，武装群众，帮助群众建设政权等重大任务”[④]。因此，那种忽视党的领导和军队政治工作的观点是错误的，“这种路线发展下去，便有走到脱离群众，以军队垄断政权，离开阶级地位之危险，如国民党军队所走的道路一样”[⑤]。决议案还规定：“红军的军事机关与政治机关，在前委的指导之下，

① 井冈山革命博物馆等编：《井冈山革命根据地》（上册），中共党史资料出版社1987年版，第263页。

② 《周恩来军事文选》第1卷，人民出版社1997年版，第77页。

③ 《毛泽东文集》第1卷，人民出版社1993年版，第66—67页。

④ 《中共中央文件选集》第5册，中共中央党校出版社1990年版，第801页。

⑤ 《中共中央文件选集》第5册，中共中央党校出版社1990年版，第802页。

平行地执行工作。”[①] 这里系统地阐明了党对军队绝对领导的重要性，并确立了前委的最高领导地位和“党指挥枪”的基本原则。大会通过的古田会议决议明确强调：红军是一支执行革命政治任务的武装集团，要保证红军的无产阶级性质，必须建立健全党的各级组织，通过开展政治工作，从思想上、政治上、组织上保证党对军队的领导。针对红军中存在的轻视政治工作、把政治机关隶属于军事机关的错误做法，明确规定政治机关的地位和职权，强调政治机关和军事机关在党的领导下，平行地开展工作；涉及全军意义的事项，由军事机关和政治机关联合发布；在尚未建立革命政权的地方，由部队政治机关代行地方政权机关职能。

此后，为了贯彻党对军队的绝对领导，在党内和军内进行了多次强调和相关规定。1930 年 9 月，中共中央军委书记周恩来在主持中央军委扩大会议时反复强调：“政治上党的领导要有最高威权，红军中只有党的一个领导，不能容许有第二个领导。”[②] 同年颁布的《中国工农红军政治工作暂行条例草案》提出：“中国红军为要完成其伟大的历史任务，须接受无产阶级先锋队（共产党）的领导……红军的政治工作就是要巩固无产阶级及其先锋队——中国共产党在红军中的领导，要使红军成为有力的工农革命的武装力量。”[③] 1932 年 1 月，中央革命军事委员会总政治部主任王稼祥在给红军中各级政治委员、政治部、党的支部委员会

---

① 《中共中央文件选集》第 5 册，中共中央党校出版社 1990 年版，第 833 页。

② 《周恩来军事文选》第 1 卷，人民出版社 1997 年版，第 120—121 页。

③ 总政治部办公厅编：《中国人民解放军政治工作历史资料选编》第 1 册，解放军出版社 2002 年版，第 600 页。

发出的指示信中明确指出："提高并巩固党在红军中的绝对领导，保证红军中对上级命令的执行与巩固红军中的纪律，这是目前红军中党的最中心任务。"[①] 1932 年 9 月 21 日，在《总政治部关于红军中党的工作的训令》等文件，也一致要求"保障党对红军的绝对领导"，首次明确提出"党在红军中的绝对领导"的概念。[②]

第四，抗战时期和解放战争时期的丰富和发展。在抗战时期，蒋介石一再要求我党放弃对军队的领导权。1937 年 8 月，中央革命军事委员会主席毛泽东签发《关于红军改编为国民革命军第八路军的命令》，强调指出：各师改编为国民革命军后，必须加强党的领导，坚决执行党中央与中央军委的命令，保证八路军和新四军的领导权高度集中于党中央和中央军委。随着抗日战争的全面爆发，我党我军与国民党及其军队的关系转为友党友军的关系。总政治部制定文件强调要"保证党在红军中的绝对领导"，"在新的环境中千百倍加重了共产党对红军的领导责任。应该健全与加强红军中党的组织及其作用，党的组织，应该成为部队生活决定的骨干，成为一切政治工作的支持与依靠，而政治机关亦始终应保持其为党的工作机关的特点"[③]。8 月 25 日，中革军委提出："各师改编为国民革命军后，必须加强党的领导，保持和发挥十年斗争的光荣传统，坚决执行党中央与军委会的命令，保证红军在改编后应完成共产党的党军，为党的路线及政策

① 《王稼祥选集》，人民出版社 1989 年版，第 16 页。

② 总政治部办公厅编：《中国人民解放军政治工作历史资料选编》第 2 册，解放军出版社 2002 年版，第 217 页。

③ 《中共中央文件选集》第 11 册，中共中央党校出版社 1991 年版，第 305—306 页。

而斗争，完成中国革命之伟大使命。”[①] 9月25日，中共中央重申：“在原有红军中苏区中及一切游击区中，共产党绝对独立领导之保持，是完全必要的，共产党员不许可在这个问题上发生任何原则上的动摇。”[②] 为了保证党对军队的绝对领导，1940年颁布的八路军政治工作条例还明确规定：“政治委员是中国共产党在军队中的全权代表”，“为着巩固党在自己军队中的领导，政治委员有过问军队中一切工作与一切行动的权力”。尤其是在干部任免程序中，政委拥有极为关键的考核权，“参加挑选、考察、检举指挥员、军事人员、政治工作人员的工作，并在委任及调动人员的命令上签字”[③]。抗战期间，周恩来、朱德等中央领导人也对此强调“党指挥枪”的原则和政治工作的重要性。1938年1月，周恩来在《抗战军队的政治工作》中提出：“以革命主义为基础的革命政治工作是一切革命军队的生命线和灵魂!”[④] 1939年3月，他又在新四军军部大会上强调：“我们要以政治工作保证建军工作的完成，巩固党在新四军的领导。”[⑤] 朱德也在1940年8月撰写的《党是军队的绝对领导者》中指出：“我们八路军和新四军，是在共产党的领导之下产生、成长和壮大起来的。没有我们党，就没有这支军队；有了这支军队，就必须要巩固我们党的领导。”[⑥] 1945年6月，他又在党的七大闭幕会上强调：“我

---

① 《中共中央文件选集》第11册，中共中央党校出版社1991年版，第332页。

② 《中共中央文件选集》第11册，中共中央党校出版社1991年版，第347页。

③ 《中国国民革命军第十八集团军（第八路军）政治工作条例（草案）》，《八路军军政杂志》第2卷第4期，1940年4月。

④ 《周恩来选集》（上卷），人民出版社1980年版，第93页。

⑤ 《周恩来军事文选》第2卷，人民出版社1997年版，第181页。

⑥ 《朱德军事文选》，解放军出版社1997年版，第409页。

们军事干部在各方面一定要无条件去服从党”,“我们的军事干部离开了党，那他就一样也做不成，一样也做不了，一切问题要靠党”①。1944 年 4 月，中央军委总政治部副主任谭政受中央委托，在毛泽东、周恩来、刘少奇等人的指导下，起草并由他在西北局高干会议上作了《关于军队政治工作问题》的报告，系统总结了建军以来的政治工作经验。报告从三个方面论述了党对军队绝对领导的思想：第一，概括了党对军队绝对领导的内涵。报告认为，所谓党对军队的绝对领导，就是指“我们的军队，必须完全的绝对的无条件的放在共产党及其领导机关的政治指导之下，不能闹独立性”。第二，阐述了必须坚持党对军队绝对领导的原因。报告提出，只有坚持党对军队的绝对领导，才能保持我军是人民军队的性质，因此“必须使八路军新四军一切部队，无条件地服从共产党中央及其代表机关的政治领导”。第三，指出党对军队的绝对领导是通过政治工作来实现的。“共产党领导的革命的政治工作是革命军队的生命线”，没有军队政治工作，党对军队的绝对领导就成为一句空话。② 这份报告标志着“党指挥枪”原则的日益成熟。

解放战争时期，各级政治机关建立健全政治工作的各项制度，有效地保证了作战的胜利和各项任务的完成。1948 年 9 月，我军恢复和健全了党委制。“党委制是保证集体领导、防止个人包办的党的重要制度。”③ 1947 年 2 月，中央发布《关于恢复军

① 《朱德传》(修订本)，中央文献出版社 2006 年版，第 646 页。

② 《中共中央文件选集》第 14 册，中共中央党校出版社 1992 年版，第 196、214、207 页。

③ 《毛泽东选集》第 4 卷，人民出版社 1991 年版，第 1340 页。

队中各级党委制的指示》，介绍了晋冀鲁豫军区的经验，强调改组和健全各级党组织的意义，命令全军恢复党委制。同年7月，总政治部颁布《中国人民解放军党委员会条例（初稿）》，明确规定了党对军队绝对领导的原则，"其组织形式即在军队中设置各级党委员会，而以党委员会作为军队之一切领导与团结的核心"①，确定了党委集体统一领导的核心地位。为了纠正个人包办的倾向，保证和加强党的集体领导，中央于1948年9月通过《关于健全党委制的决定》（以下简称《决定》）指出："党委制是保证集体领导、防止个人包办的党的重要制度"，规定今后"一切重要问题（当然不是无关重要的小问题或者已经会议讨论解决只待执行的问题）均须交委员会讨论，由到会委员充分发表意见，做出明确决定，然后分别执行。"②《决定》强调，集体领导和个人负责二者不可偏废，军队在作战时和情况需要时，首长有临机处理权。1947年10月，毛泽东在《中国人民解放军宣言》中发出号召："我全军将士必须时刻牢记，我们是伟大的人民解放军，是伟大的中国共产党领导的队伍。只要我们时刻遵守党的指示，我们就一定胜利。"③

新中国成立后，历次颁布的《中国人民解放军政治工作条例》都规定，政治委员是同级党委日常工作的主持者，和同级军事指挥员同为部队首长，对所属部队的各项工作共同负责，政治工作就是党的工作，政治机关就是党的工作机关。从1954年起，

---

① 《我军各个历史时期政治工作条例汇编》，解放军总政治组织部1977年编印，第155页。
② 《毛泽东选集》第4卷，人民出版社1991年版，第1340—1341页。
③ 《毛泽东选集》第4卷，人民出版社1991年版，第1239页。

明确规定我军实行党委统一的集体领导下的首长分工负责制，建立了完整的政治工作组织系统和工作制度。党的十九大把“坚持党对人民军队的绝对领导”上升为新时代坚持和发展中国特色社会主义的一条基本方略。2019 年党的十九届四中全会进一步明确：坚持和完善党对人民军队的绝对领导制度，确保人民军队忠实履行新时代使命任务。

第三节　党对军队绝对领导的显著优势

西方一些势力极力鼓吹“军队非党化、非政治化”和“军队国家化”等论调，还有些人提出：军队是党的军队，也是国家的军队，党对军队的领导与国家对军队的领导是一致的，为什么还要强调党对军队的绝对领导？党指挥枪、党对军队的绝对领导，历经实践和历史的检验，党和军队不断发展壮大，成功捍卫国家利益，创造了一个又一个的军事奇迹？如此的显著优势，就是对这些问题最好的回答。

第一，西方发达国家，往往都是现有国家和军队，后有政党。大多政党都没有直接参与或领导军队参与资产阶级推翻封建贵族地主的斗争。与此相反，中国共产党与我们的人民军队之间的关系是天然生成的，或者说是“先天”的。中国共产党缔造了人民军队，并领导军队取得一个又一个胜利。

第二，军阀混战的教训启发我党坚持党对军队的绝对领导。在旧中国，军权主要掌握在个人手里。辛亥革命以来，军阀操纵政党、控制政府、割据和混战，造成生灵涂炭，人民生活于水深火热之中。辛亥革命之后实行政党政治，然而，袁世凯很快就依靠其军事实力取代了孙中山。袁世凯之后，北洋军阀分裂成直系、皖系和奉系三个派系。政党和政府失去了对军队的领导权，成为军阀操纵的政治玩偶，中国出现军阀割据和混战的局面。

第三，党指挥枪是从建党初期的教训中悟出的历史经验。建党初期，陈独秀曾自动放弃党对革命、对军队的领导权，以蒋介石为首的国民党反动派掌握和控制了军队，北伐军演变成资产阶级屠杀无产阶级、镇压工农群众的工具。从 1927 年到 1930 年，有千百万共产党员和革命群众牺牲在国民党反动派的屠刀下，革命成果几乎丧失殆尽。

第四，党对军队的绝对领导是伴随我党我军不断发展壮大的过程而确立起来的坚定信念。认真总结我军的军事奇迹，发现其绝对离不开我军的政治优势。无产阶级世界观的教育、崇高的理想信念、党在军队内部实行民主、党组织在军内的坚强核心、党的作风影响、党的英明指挥、党对群众的动员和控制等，使我党领导下的人民军队，拥有英勇无畏的献身精神和敢打必胜的战斗作风，上演了一幕幕惊天动地的战争活剧，展示了一支威武雄壮之狮的伟大力量。

第五，党对军队的绝对领导也是我们党从国民党失败的教训中悟出的道理。军队内部政治工作的差异，是决定双方决战胜负的一个重要原因。1947 年 11 月，国民政府面对战局的失利，国防部新闻局局长邓文仪在主持全国新闻工作检讨会时曾感慨：中共“军队党化”，“在党之领导下，执行党的政策与决议，真正做到政治领导军事”；而反观国民党军队，却是政工与党脱节，导致军队“失去中心领导，革命精神遭受打击，工作效果，事倍而功无半”。蒋介石认为，中共军队的成功秘诀乃在于始终坚持党的领导，因此慨叹：中共“从来都是强调以党领军，最重视政治思想工作的”①。

第六，党对军队的绝对领导还是我们党从世界社会主义运动的历史教训中获得的启示。20 世纪 80 年代，苏联戈尔巴乔夫上台后，放弃了苏共对军队的领导权，允许其他政治组织在苏军存在，使苏军的性质发生了改变。当反对派对苏共发起总攻时，苏军选择了支持反对派。一个具有 70 多年历史的社会主义大国，顷刻之间轰然解体。一个执政 70 多年的大党老党，放弃对军队的领导，关键时刻失去军队的支持，给我们留下了沉痛的教训和警示。

第四节　坚持和完善党对人民军队的绝对领导制度

第一，坚持和完善党对人民军队的绝对领导制度，确保人民军队忠实履行新时代使命任务，必须坚持人民军队最高领导权和指挥权属于党中央。《中共中央关于坚持和完善中国特色社会主义制度、推进国家治理体系和治理能力现代化若干重大问题的决

① 李云汉主编：《蒋中正先生在台军事言论集》第 2 册，台北近代中国出版社 1994 年版，第 777 页。

定》明确提出：中央军委实行主席负责制是坚持党对人民军队绝对领导的根本实现形式。这里关键在于军队对党绝对忠诚、坚决听党指挥的基础上，完善贯彻军委主席负责制的体制机制。此外，尤为重要的是，严明政治纪律和政治规矩，坚决维护党中央、中央军委权威，确保政令军令畅通无阻。

第二，坚持和完善党对人民军队的绝对领导制度，确保人民军队忠实履行新时代使命任务，必须健全人民军队党的建设制度体系。首要的是全面贯彻政治建军的诸项要求。在政治上，要坚持正确的政治方向；在思想上，突出抓好军魂培育，发扬优良传统，传承红色基因，坚决抵制一些错误观点；在组织上，坚持党委制、政治委员制、政治机关制，坚持党委统一的集体领导下的首长分工负责制，坚持支部建在连上，完善党领导军队的组织体系；在干部队伍上，建设高素质专业化干部队伍，确保枪杆子永远掌握在忠于党的可靠的人手中；完善军队党的作风纪律建设制度。

第三，坚持和完善党对人民军队的绝对领导制度，确保人民军队忠实履行新时代使命任务，必须把党对人民军队的绝对领导贯彻到军队建设各领域全过程。这里关键在于围绕能打仗、打胜仗进行军队诸项建设，全面推进国防和军队现代化，强固全民的国防。既要深刻理解把握坚持党对人民军队绝对领导的唯一性、彻底性、无条件性，又要把建立健全军事政策制度体系作为坚持党对人民军队绝对领导的重要保障，还要着力提高坚持党对人民军队绝对领导的政治自觉和实际能力。

第十二章

坚持"一国两制"制度优势

党的十九届四中全会指出，"坚持'一国两制'，保持香港、澳门长期繁荣稳定，促进祖国和平统一的显著优势"是我国国家制度和国家治理体系的显著优势之一。"一国两制"是党领导人民实现祖国和平统一的一项重要制度，是中国特色社会主义的一个伟大创举。事实证明，"一国两制"是解决历史遗留的香港、澳门问题的最佳方案，也是香港、澳门回归后保持长期繁荣稳定的最佳制度。

第一节 "一国两制"的实践探索

1997 年 6 月 30 日午夜至 7 月 1 日凌晨，中英香港政权交接仪式在香港会展中心隆重举行。23 时 59 分，英国国旗缓缓降落，标志着香港被英国侵占一个半世纪的历史宣告结束。香港回归祖国，翻开了香港历史新的一页。

1999年12月20日零时，中葡两国政府在澳门文化中心隆重举行政权交接仪式，中华人民共和国国旗和澳门特别行政区区旗在雄壮的《义勇军进行曲》的乐曲声中升起。澳门回归祖国，迎来了澳门崭新的未来。

香港回归以来，“一国两制”在香港的实践取得了举世公认的成功。“一国两制”“港人治港”、高度自治方针得到切实贯彻落实。香港经济繁荣，社会稳定，被公认为全球最自由的经济体，营商环境、国际竞争力和法治指数得到进一步提升，国际金融、航运、贸易中心的地位不断巩固，香港同胞享有比历史上任何时候都广泛的民主权利和自由。这一切都向世人昭示了“一国两制”的方针是完全符合香港实际情况的，它不但是行得通的，而且已取得了举世公认的成就。虽然2019年出现了“修例”风波，但是希望香港社会止暴制乱、恢复秩序仍然是香港最大的民意。应该认识到，一个制度在实践过程中必然出现这样或那样的波折，这都是正常的。我们坚信“一国两制”是有韧性和活力，前途是光明的。特区政府和香港人民有信心也有能力抗拒来自各方面的干扰和挑战，保持香港持续繁荣和稳定。

澳门回归以来，在宪法和澳门基本法的保障下，社会和谐稳定，民主政制稳步发展，对外交往不断扩大，各项事业全面发展，特别是经济持续增长，财政收入充盈，民生福利明显改善，居民生活显著提升。特别行政区治理体系日益完善，以宪法和基本法为基础的宪制秩序牢固确立。民主政制有序发展，澳门居民依法享有的广泛权利和自由得到充分保障。经济实现跨越发展，人均本地生产总值达到8.3万美元，排名世界第二。居民生活持续改善，实行从幼儿园到高中的15年免费教育，居民人均预期寿命达到84岁，位居世界第二。社会保持和谐稳定，迅速扭转回归前社会治安不靖的状况，成为全世界最安全的城市之一。国际影响不断提升，澳门至今已参加120个国际组织，获得144个国家和地区的免签或落地签待遇。这些成就的取得，与澳门特区政府坚定贯彻“一国两制”政策密不可分。习近平总书记2019年9月11日会见新当选并获中央政府任命的澳门特别行政区第五任行政长官贺一诚时指出，澳门“向世界展示了具有澳门特色的‘一国两制’成功实践。事实证明，‘一国两制’是完全行得通、办得到、得人心的!”

香港、澳门回归和回归后的发展充分证明，“一国两制”设想是完全可行的，是可以成功复制的。从理论实践上来看，“一国两制”是经过长期酝酿，随时代变化逐步深化的构想，最初是为了解决台湾问题提出来的。新中国成立后，为了结束海峡两岸分裂局面，实现台湾同祖国的统一，中国共产党进行了不懈的努力，毛泽东、周恩来就通过各种渠道表达了争取和平方式解决台湾问题的愿望与政策，提出了“一国两制”的思想雏形。台湾、香港和澳门自古以来就是中国的领土，由于历史的和人为的原因，与祖国大陆分隔开了。解决台湾、香港和澳门问题的方式，无非是和平方式与非和平方式两种。邓小平从世界现状、中国的历史和现实情况出发，提出了“一个国家，两种制度”的战略构想，即在祖国大陆实行社会主义制度，在台湾、香港、澳门实行资本主义制度。关于香港问题，“采用和平方式解决香港问题，就必须考虑到香港的实际情况，也考虑到中国的实际情况和英国的实际情况，就是说，我们解决问题的办法要使三方面都能接受。如果用社会主义来统一，就做不到三方面都接受。勉强接受了，也会造成混乱局面。即使不发生武力冲突，香港也将成为一个萧条的香港，后遗症很多的香港，不是我们所希望的香港。所以，就香港问题而言，三方面都能接受的只能是‘一国两制’，允许香港继续实行资本主义，保留自由港和金融中心的地位，除此以外没有别的办法。”① 党的十八大以来，以习近平同志为核心的党中央在继承“和平统一、一国两制”基本方针的基础上，再次丰富和发展了相关论述，提出了一系列关于国家统一与“一国两制”的重要论述和主张，将“一国两制”伟大实践推到新的境界、新的阶段。2017 年 10 月，党的十九大报告进一步把“坚持‘一国两制’和推进祖国统一”作为新时代坚持和发展中国特色社会主义的十四条基本方略之一。2019 年 10 月，党的十九届四中全会将“坚持‘一国两制’，保持香港、澳门长期繁荣稳定，促进祖国和平统一的显著优势”作为我国国家制度和国家治理体系的显著优势之一。

第二节　“一国两制”的科学内涵

“一国两制”充分体现了马克思主义的辩证唯物主义观和历

---

① 《邓小平文选》第 3 卷，人民出版社 1993 年版，第 101—102 页。

史唯物主义观，是马克思主义基本原理的具体运用和丰富发展，具有鲜明的“中国特色”。正如小平同志自己所说“我们的社会主义制度是有中国特色的社会主义制度，这个特色，很重要的一个内容就是对香港、澳门、台湾问题的处理，就是‘一国两制’。这是个新事物。这个新事物不是美国提出来的，不是日本提出来的，不是欧洲提出来的，也不是苏联提出来的，而是中国提出来的，这就叫中国特色。”①

“一国两制”创造性地运用马克思列宁主义，分析国内国际形势，把马列主义基本原理与当代中国国情充分结合，为中国统一问题提出了创造性解决方案和战略构想，具有高度的科学性和理论性，为国家学说和和平共处思想注入新的内容。

第一，“一国两制”从新的角度去领会和思考国家的本质属性，扩展了国家的职能和作用。马克思主义国家学说是运用阶级分析的方法分析国家产生、存在、发展及其消亡的理论学说。“国家是社会在一定发展阶段上的产物；国家表示：这个社会陷入了不可解决的自我矛盾，分裂为不可调和的对立面而又无力摆脱这些对立面。而为了使这些对立面，这些经济利益互相冲突的阶级，不致在无谓的斗争中把自己和社会消灭，就需要有一种表面上架于社会之上的力量，这种力量应当缓和冲突，把冲突保持在‘秩序’的范围以内；这种从社会中产生但又自居于社会之上并且日益同社会脱离的力量，就是国家。”② 除了国家本质的阶

① 《邓小平文选》第3卷，人民出版社1993年版，第218页。

② 《马克思恩格斯选集》第4卷，人民出版社1972年版，第166页。

级性，在一定时期国家还起阶级斗争"调停人"的作用。"但也例外地有这样的时期，那时互相斗争的各阶级达到了这样势均力敌的地步，以致国家权力作为表面上的调停人而暂时得到了对于两个阶级的某种独立性。"① 按照邓小平的设想，"一国两制"构想在新的历史时期就是在中华人民共和国内，大陆实行社会主义，香港、台湾实行资本主义，即"一个国家，两种制度"。"一国两制"的科学构想是在维护祖国统一和民族利益的前提下，和平解决一国之内两种不同社会制度之间的矛盾和冲突的最佳办法，继承和发展了恩格斯关于国家应当"缓和冲突"、起阶级矛盾"调停人"作用的思想。

第二，"一国两制"突破了单一制国家结构的传统形式，即在单一制国家结构条件下，实行的具有复合制某些特征的结构形式。古今中外，一个国家基本实行一种社会制度。即使在特定的历史条件下出现不同社会制度并存的情况，往往也是迫于形势而不是执政当局主动实行的，是暂时零散的而不是有法律保障的。邓小平以巨大的政治勇气和理论勇气，突破了单一制国家结构形式的传统观念的束缚，提出了"一国两制"的战略构想。根据这一构想，我国仍然是一个单一制国家，全国只有一个统一的立法机关，一个中央政府，一部宪法。特别行政区是我国单一制的地方行政区域，它与所有其他按行政区划设置的省、自治区和直辖市一样，均由中央政府统一领导，但它又比一般的地方行政区域享有更高度的自治权，包括行政管理权、立法权、独立的司法权

① 《马克思恩格斯选集》第4卷，人民出版社1972年版，第168页。

和终审权等。这就突破了在一个社会主义国家内只能实行一种社会制度以及建立与之相适应的政权组织形式的传统观点，第一次在理论上允许两种对立的社会制度在一个国家内共处。

第三，“一国两制”将“和平共处”的思想延伸到处理一个国家范围内不同制度的内部关系。“和平共处”的思想来自列宁主义关于处理国与国之间相互关系的学说。在十月革命胜利后，如何处理第一个社会主义国家与其他社会制度国家间的相互关系，如何恢复和发展国民经济、开展社会主义建设，列宁创造性地提出了“希望同各国人民和平共处”的思想。“我们的口号过去和现在只有一个：与其它国家（不论是什么样的国家）和平共处。现实本身使我们和其国家都确信：必须在工农政府同资本主义国家政府之间建立长期的关系。”① 中国共产党与时俱进，将列宁与中国实践和国际形势相结合，在 1954 年同印度、缅甸等国政府一起提出和平共处五项原则，成为国际社会处理国与国之间相互关系的基本准则。在解决台湾、香港和澳门的历史遗留问题时，中国共产党创造性地把处理国与国之间关系准则的“和平共处”原则引申到用它处理一个国家范围内不同制度的地区之间的关系，从而为和平共处原则增添了新的内涵。邓小平指出：“处理国与国之间的关系，和平共处五项原则是最好的方式。……现在进一步考虑，和平共处的原则用之于解决一个国家内部的某些问题，恐怕也是一个好办法。根据中国自己的实践，我们提出‘一个国家，两种制度’的办法来解决中国的统一问

① 《科学共产主义理论发展中的列宁阶段》，中国人民大学出版社 1987 年版，第 102 页。

题，这也是一种和平共处。”①

第三节 “一国两制”的主要内容和显著优势

从概念上说，“一国两制”有多重含义。它是中国政府处理香港、澳门事务的基本方针，也是中央对香港、澳门一系列方针政策的总称；是中央治理香港、澳门两个特别行政区的基本制度，也是解决台湾问题、实现祖国和平统一的重要制度；是党领导人民正在推进的伟大实践，也是关系到中华民族伟大复兴的伟大事业。②“一国两制”构想的政治内涵包括以下几方面的内容：

第一，坚持“一国两制”原则，尊重“两制”差异。“一国两制”是一个完整的概念，要始终准确把握“一国”和“两制”的关系。“一国”是根，根深才能叶茂；“一国”是本，本固才能枝荣。应当是持“一国”之本，守“两制”之分，用“一国两制”之利。党的十九届四中全会明确指出，必须坚持“一国”是实行“两制”的前提和基础，“两制”从属和派生于“一国”并统一于“一国”之内。香港和澳门是国家不可分离的部分，是直辖于中央人民政府的地方行政区域。同时，宪法明确规定国家的根本制度是社会主义制度，并规定了国家的基本制度、领导核心和指导思想等制度和原则。坚持一国原则，最根本的是要维护国家主权、安全和发展利益，尊重国家实行的根本制度以及其他制

① 《邓小平文选》第3卷，人民出版社1993年版，第96—97页。

② 张晓明：《坚持和完善“一国两制”制度体系（深入学习贯彻党的十九届四中全会精神）》，人民网，http://politics.people.com.cn/n1/2019/1211/c1001-31500643.html.

度和原则。根据我国宪法的规定，在祖国统一后，香港、澳门及台湾，设立中央人民政府统辖下的特别行政区，这些地区原有的社会经济法律制度不变，生活方式不变，实行和大陆不同的资本主义制度，享有高度的自治权。在“一国”之内，“两种制度”只有相互尊重，相互借鉴，才能和谐并存，共同发展。

第二，维护中央对特别行政区全面管治权和保障特别行政区高度自治权。中华人民共和国是单一制国家，中央政府对包括香港和澳门在内的所有地方行政区域拥有全面管治权。香港和澳门的高度自治权不是固有的，其唯一来源是中央授权。香港和澳门享有的高度自治权不是完全自治，也不是分权，而是中央授予的地方事务管理权。高度自治权的限度在于中央授予多少权力，香港和澳门就享有多少权力，不存在“剩余权力”。首先，中国必须统一，主权不可分割，这是“一国两制”的前提。其次，在坚持“主权”统一性前提下，肯定“治权”的相对独立性。

第三，坚持依法治港治澳，维护宪法和基本法确定的宪制秩序。依法治理是最可靠、最稳定的治理，要善于运用法治思维和法治方式进行治理。依法治港治澳体现了依法治理的原则，首要的是要严格依照宪法和基本法办事。宪法和基本法共同构成特别行政区的宪制基础，是特别行政区一切制度的最顶层设计，在特别行政区整个法律体系中居于最高地位，确立了特别行政区新的宪制秩序。宪法作为国家的根本法，在包括香港和澳门在内的中华人民共和国领土范围内具有最高法律地位和最高法律效力。香港和澳门基本法是根据宪法制定的、规定香港和澳门制度的基本法律，在香港和澳门具有宪制性法律地位。香港和澳门立法机关制定的任何法律，均不得同基本法相抵触。香港和澳门行政、立法、司法行为都必须符合基本法；在香港和澳门的个人以及一切组织和团体都必须以基本法为活动准则。法治，是香港长期稳定的前提条件，是香港长期繁荣的重要基石。

第四，坚持以爱国者为主体的“港人治港”“澳人治澳”。对国家效忠是从政者必须遵循的基本政治伦理，是“港人治港”“澳人治澳”的界限和标准。在“一国两制”之下，包括行政长官、主要官员、行政会议成员、立法会议员、各级法院法官和其他司法人员等在内的治理者，承担维护国家主权、安全、发展利益，保持本地区长期繁荣稳定的职责，爱国是对治理者主体的基本政治要求。作为特别行政区和特别行政区政府的“双首长”，行政长官是香港和澳门贯彻落实“一国两制”方针政策和基本法的第一责任人。中央政府始终坚定不移地支持行政长官和特别行政区政府依法施政，团结带领社会各界人士集中精力发展经济，切实有效改善民生，循序渐进推进民主，包容共济促进和谐。

“一国两制”经过多年实践，展现了极大的生命力，是中国国家制度和国家治理体系的有机组成部分，具有多方面的显著优势。英国前首相撒切尔夫人称赞这一设想是“最有天才的创造”，美国前国务卿基辛格博士认为中国政府“拟订的‘一国两制’方案能行得通”[①]。2019 年正值澳门回归 20 周年，习近平总书记从 5 个方面归纳了澳门“一国两制”实践的亮点，即爱国爱澳成为

① 李燕奇：《邓小平与当代中国改革》，中国人民大学出版社 1991 年版，第 236 页。

全社会的核心价值，宪法和基本法权威牢固树立，行政主导体制顺畅运行，融入国家发展大局积极主动，包容和谐增强社会凝聚力。同时指出澳门“一国两制”成功实践的四条重要经验：始终坚定“一国两制”制度自信、始终准确把握“一国两制”正确方向、始终强化“一国两制”使命担当和始终筑牢“一国两制”社会政治基础。

首先，“一国两制”是解决历史遗留的香港、澳门问题的最佳方案。香港、澳门、台湾自古就是我国领土不可分割的组成部分。中国人民一直强烈要求收回香港，历届中国政府均不承认英国对香港的永久主权，也从未放弃对澳门的主权，并与英国和葡萄牙多次交涉但没有成功。同时，台湾也一直处于与祖国大陆分离的状态。邓小平提出的“一国两制”构想，将马克思主义和中国实际情况相结合，为和平时期解决历史遗留问题提供了新的方案。香港、澳门回归的实践证明，它是完全可行的最佳方案。

其次，“一国两制”是中华民族走向伟大复兴的必经之路。恢复对港、澳地区行使主权，结束台湾海峡两岸的分裂局面，实现国家统一，这是整个中华民族的强烈愿望。“一国两制”的成功实践事关中华民族的伟大复兴，香港、澳门的命运同祖国的命运紧密相连。香港和澳门的割让源于清朝的国力衰落，而二者的回归则基于国家的强大，今天香港和澳门的稳定繁荣与中国的崛起密不可分。一方面，保持香港、澳门长期繁荣稳定，实现祖国完全统一，是实现中华民族伟大复兴的必然要求；另一方面，香港、澳门的命运同祖国的命运紧密相连，在中华民族伟大复兴的道路上不能缺少了港澳同胞。

再次，“一国两制”是香港、澳门回归后保持长期繁荣稳定的最佳制度。“一国两制”体现了中华文化中的“和合”哲学理念，即“求大同，存大异”的思想。内地和香港、澳门充分利用“一国两制”的制度优势，相互借鉴、优势互补，实现共同发展。香港、澳门特别行政区政府和社会各界人士，把国家发展带来的重大机遇与港澳所具有的高度法治化、市场化、专业化、国际化等优势相结合，聚焦发展，不断提升自身竞争力。同时，在港澳应对金融危机、“非典”疫情等风险的过程中，祖国内地提供了强有力的支持。未来粤港澳大湾区和“一带一路”建设，香港和澳门也可以找到更广阔的市场和更多的机会。

此外，“一国两制”也是一种国家治理的创新模式和成功的政治实践。中央对港澳的治理从理论认识到治理实践经历了一个不断深化、不断提升的过程。2004 年，党的十六届四中全会首次提出“保持香港、澳门长期繁荣稳定是党在新形势下治国理政面临的崭新课题”。2007 年，党的十七大进一步表述为“保持香港、澳门长期繁荣稳定是党在新形势下治国理政面临的重大课题”。从“崭新课题”到“重大课题”是认识上的一次重大提升。2012 年，党的十八大将维护国家主权、安全、发展利益和保持香港、澳门长期繁荣稳定作为中央对香港、澳门实行的各项方针政策的根本宗旨。2017 年，党的十九大报告不但将坚持“一国两制”和推进祖国统一作为新时代坚持和发展中国特色社会主义的十四条基本方略之一，更在论述中把保持港澳的繁荣稳定与中华民族伟大复兴联系在一起，“保持香港、澳门长期繁荣稳定，实现祖国完全统一，是实现中华民族伟大复兴的必然要求”。

第四节 坚持和完善“一国两制”制度

“一国两制”事业任重道远。面对世界百年未有之大变局，面对新的国内外形势，我们要坚持和完善“一国两制”制度，促进香港和澳门更好的发展，推进祖国统一进程。这是实现中华民族伟大复兴的必然要求，是构建国家现代化治理能力和体系的题中应有之义，也是新时代中国特色社会主义思想和基本方略的重要组成部分。“一国两制”是前无古人的历史性尝试，出现一些新的问题是必然的，最重要的是不忘初心，直面这些问题，不断发展和完善“一国两制”。

党的十九届四中全会在深入总结“一国两制”实践经验的基础上，从制度层面特别是中央对特别行政区实行管治的层面，对推进“一国两制”实践作了系统的制度设计和工作部署。因此，把“一国两制”继续推向前进，要从维护国家主权和发展利益，保持香港、澳门长期繁荣稳定和实现祖国和平统一进程的根本宗旨出发，全面准确贯彻“一国两制”“港人治港”“澳人治澳”“高度自治”的方针，健全中央依照宪法和基本法对特别行政区行使全面管治权的制度，准确理解和贯彻“一国两制”方针政策，坚定推进祖国和平统一进程。

第一，全面准确贯彻“一国两制”“港人治港”“澳人治澳”

“高度自治”的方针。首先是依法行使宪法和基本法赋予中央的各项权力。完善中央对特别行政区行政长官和主要官员的任免制度和机制、全国人大常委会对基本法的解释制度，依法行使宪法和基本法赋予中央的各项权力。健全特别行政区行政长官对中央政府负责的制度，支持行政长官和特别行政区政府依法施政。把宪法和基本法规定的各项权力切实用起来，加强制度化、规范化和程序化建设。其次是坚持以爱国者为主体的“港人治港”“澳人治澳”，提高特别行政区依法治理能力和水平。与时俱进，促进特区政府管理和社会治理模式的创新，适应现代社会治理发展变化及其新要求。推进公共行政等制度改革，提高政府管治效能，促进治理体系和治理能力现代化。坚持依法办事，善用科技促进政府决策科学化、社会治理精准化、公共服务高效化。最后是要把二者结合起来，坚持“一国”原则并尊重“两制”差异，维护中央对特别行政区全面管治权同时保障特别行政区高度自治权，以祖国内地为坚强后盾提升特别行政区的自身竞争力，促进香港和澳门的发展。

第二，健全中央依照宪法和基本法对特别行政区行使全面管治权的制度。一是健全特别行政区行政长官对中央政府负责的制度。要完善行政长官对中央负责的制度安排，包括完善中央就基本法规定的有关事务对行政长官发出指令的制度，完善行政长官向中央述职制度、向中央报告特别行政区有关重大事项的制度等。同时要在特别行政区落实以行政长官为核心的行政主导体制，必须确保符合爱国爱港或爱国爱澳、中央信任、有管治能力、香港或澳门社会认同等标准的人构成特别行政区行政、立法、司法机关的主体。二是完善香港澳门融入国家发展大局、同内地优势互补协同发展的机制。香港经济遇到困境，房屋价格昂贵，贫富差距悬殊，社会阶层流动性减弱，青年人缺少个人发展机会。澳门博彩业“一业独大”，经济适度多元发展缺乏突破口。香港和澳门的未来发展需要发扬本土自我奋斗的精神，更需要破除“内地化”“边缘化”等迷思，积极融入国家发展大局，抓住国家全面深化改革的重大机遇。未来要继续完善支持香港澳门同内地优势互补、协同发展的政策体系，特别是推动香港澳门融入粤港澳大湾区发展，注重发挥香港澳门参与共建“一带一路”的独特作用。继续促进三地在货物贸易、服务贸易和贸易投资便利化三个领域的开放。继续完善便利香港澳门居民在内地学习、创业、就业、生活的政策措施，健全香港澳门与内地在各领域深入开展交流合作的各种机制。三是完善加强对香港、澳门社会特别是公职人员和青少年的宪法和基本法教育、国情教育、中国历史和中华文化教育等相关制度和体制机制。爱国主义是维护国家统一的纽带，爱国主义教育宣传是国家主权的重要体现。治理香港和澳门，要一手抓法治，一手抓德治，德治主要包括宪法和基本法教育、国情教育、中国历史和中华文化教育，核心是爱国主义教育。特别是要正视长期以来香港在国民教育方面存在的缺失，切实加强青少年的爱国主义教育，关心、引导、支持、帮助青少年健康成长。

第三，推动经济持续健康发展，把握共建“一带一路”和粤港澳大湾区建设的机遇，做优做强香港澳门的比较优势。要着眼长远、加强谋划，围绕澳门“一中心、一平台、一基地”的目标定位，推动经济适度多元发展。巩固和提升香港的国际金融、航运、贸易中心和国际航空枢纽地位，强化全球离岸人民币业务枢纽地位、国际资产管理中心及风险管理中心功能，推动金融、商贸、物流、专业服务等向高端高增值方向发展，大力发展创新及科技事业，培育新兴产业，建设亚太区国际法律及争议解决服务中心，打造更具竞争力的国际大都会。

第四，坚持以人为本，进一步保障和改善民生；坚持包容共济，进一步促进社会和谐稳定。[①] 要坚持发展的目的是为广大市民创造更加美好的生活，用更加公正、合理、普惠的制度安排确保广大市民分享发展成果。要加强公共基础设施建设，着力解决住房、医疗、养老、教育等方面的突出问题，打造公共服务优质、宜居宜业宜游的优质生活圈。要加强社团建设，充分发挥其在政府和市民之间的沟通桥梁作用。要促进社会讲团结、重协商的传统，有事多商量，做事多协调，妥善处理社会矛盾，共同维护社会祥和。

第五，坚定推进祖国和平统一进程。国家统一是人类历史的重要进步现象，是全体中华儿女共同愿望，也是中华民族根本利益所在。习近平总书记指出，“探索‘两制’台湾方案，丰富和平统一实践。‘和平统一、一国两制’是实现国家统一的最佳方

---

① 习近平：《在庆祝澳门回归祖国 20 周年大会　暨澳门特别行政区第五届政府就职典礼上的讲话》，新华网，http：//www. xinhuanet. com/politics/leaders/2019-12/20/c _ 1125370693. htm.

式，体现了海纳百川、有容乃大的中华智慧，既充分考虑台湾现实情况，又有利于统一后台湾长治久安。”[①] 要秉持“两岸一家亲”理念，完善促进两岸交流合作、深化两岸融合发展、保障台湾同胞福祉的制度安排和政策措施，尤其是通过海西区建设率先同台湾同胞分享大陆发展的机遇，增进两岸福祉，继续推动两岸关系和平发展并实现祖国和平统一。

第六，完善坚决防范和遏制外部势力干预港澳事务和进行分裂、颠覆、渗透、破坏活动的体制机制。外部势力一直在通过多种方式干预港澳事务，在港澳进行分裂、颠覆、渗透、破坏活动。近几年来香港的“占中”“港独”“反修例”风波等都有外部势力的身影，美国国会甚至通过《2019 年香港人权与民主法案》，公然以国内法方式支持反中乱港活动，为香港反对派和激进势力更加肆无忌惮地行事提供保护伞，这一切都严重挑战了“一国两制”的底线。我们必须与特别行政区政府一起建立健全反干预协同机制，绝不允许任何危害国家主权安全、挑战中央权力和基本法权威、利用香港对内地进行渗透破坏的活动。

① 习近平：《〈告台湾同胞书〉发表 40 周年纪念会上的讲话》，人民网，http：//politics. people. com. cn/n1/2019/0102/c1024-30499652. html.

第十三章

坚持中国特色大国外交制度优势

党的十九届四中全会指出，“坚持独立自主和对外开放相统一，积极参与全球治理，为构建人类命运共同体不断作出贡献”是我国国家制度和国家治理体系的显著优势之一。当今世界，变局百年未有。变革会催生新的机遇，但往往也伴随着前所未有的风险和挑战。在又一次人类站在十字路口之际，合作还是对抗？开放还是封闭？互利共赢还是零和博弈？习近平总书记指出：“没有哪个国家能够独自应对人类面临的各种挑战，也没有哪个国家能够退回到自我封闭的孤岛。”新时代，习近平新时代中国特色社会主义外交思想应运而生。这一思想作为习近平新时代中国特色社会主义思想的重要组成部分，蕴含深厚的中国文化，贯穿辩证唯物主义和历史唯物主义的立场、观点和方法，沉淀和积累新中国成立以来党的外交思想，是新时代我国对外工作的根本宗旨和行动指南。在这一思想的指导下我国顺应时代发展潮流，努力开创了中国特色大国外交的新局面。

第一节　中国特色大国外交的形成与发展

中国是世界上人口最多的国家。中国共产党是世界上最大的政党。中国是当代世界发展最快的大国。“大就要有大的样子”。中国必须有自己特色的大国外交。

在马克思主义中国化第一次历史性飞跃成果——毛泽东思想的指引下，中国完成了国家独立和民族解放的历史任务，新中国有尊严地屹立于世界民族之林，重塑了中国的自信，增强了中国在世界范围的影响力，为中国独立自主地开创发展中国特色社会主义提供了宝贵经验、理论准备和物质基础。这一时期，我们党提出的从“一边倒”到“一条线”的战略突围，和平共处五项原则及“三个世界”理论，丰富了中国特色社会主义外交思想，指导着中国外交不断进行重大实践，改变了世界政治格局，营造了有利于自身发展的国际环境，对当时的世界体系产生了深远影响。

在马克思主义中国化第二次历史性飞跃成果——中国特色社会主义理论体系的指导下，中国外交取得新的巨大成就。在改革开放和社会主义现代化建设新时期，邓小平同志结合新时期国际格局和中国改革开放的特点，进一步丰富发展毛泽东外交思想，确立了独立自主的和平外交政策，为中国的改革开放营造了和平稳定的外部环境。江泽民、胡锦涛在树立新安全观、推动建设和谐世界等方面进一步阐发和深化，为坚持和发展独立自主的和平外交政策、推动国民经济持续高速发展、实现中华民族“富起来”做出了重要贡献。这一时期，中国的综合国力和国际影响力得到持续不断的增强。

党的十八大以来，在马克思主义中国化最新成果——习近平新时代中国特色社会主义思想的引领下，习近平外交思想在继承发展中国外交理论成果和实践经验的基础上，回答了新时代中国特色社会主义外交思想是什么、新时代中国特色社会主义外交思想如何形成、新时代中国特色社会主义外交思想怎样落实的重大理论和实践问题。

习近平新时代中国特色社会主义外交思想全面深入地阐述了中国梦的内涵及其世界意义，统筹国内国际两个大局、统筹发展安全两件大事的思想，以合作共赢为核心的新型国际关系理念；深化了对和平共处五项原则、和平发展时代主题和国际政治民主化的论述；针对当前经济全球化遭遇的困境，深刻阐释了创新驱动、开放共赢、公平包容、平衡普惠为要旨的应对之道；深入阐述了正确的国际义利观，共同、综合、合作、可持续的新安全观，公平、开放、全面、创新的发展观，倡导共商共建共享的全球治理观等系列重要观点；提出“亲诚惠容”周边外交理念、构建全球伙伴关系网络的主张；提出建设“一带一路”的重大倡议；提出建设人类命运共同体的倡议等一系列重要外交思想成果，从而形成了习近平新时代中国特色社会主义外交思想。这一思想植根于改革开放以来中国特色社会主义的伟大实践，顺应世界和平与人类进步的时代潮流与历史大势，饱含着“中国智慧”，向世界展示了坚定自信、积极进取的中国风格和开放包容、谦和大度的中国气派，向世界提供了一系列“中国倡议”“中国主张”“中国方案”，展现了全球视野和世界胸怀，得到了国际社会的广泛认同。习近平新时代中国特色社会主义外交思想昭示着我们党不仅能建设好自己的国家，而且还能带动世界各国共同发展，为发展中国家实现现代化拓展新的路径。

第二节 中国特色大国外交的主要内容与制度优势

习近平新时代中国特色社会主义外交思想概括起来主要有十个方面，[①] 中国特色大国外交也按照这十个方面成型，并表现出其显著的优势。

一是坚持以维护党中央权威为统领加强党对对外工作的集中统一领导。坚持外交大权在党中央，加强党对外交工作的集中领导和统筹协调。还要在党内及相关部门之间统一步调，保持各级外交工作和党的外交思想方向一致、协调推进、同频共振，寻求“党管外交”的最大公约数，形成党总揽全局、各方对外工作协同发展的局面。

党的十八大以来，在党中央的坚强领导下，面对风云变幻的国际形势，我国对外工作攻坚克难、砥砺前行、波澜壮阔，开创性推进中国特色大国外交取得了历史性成就。事实告诉我们，只

---

① 《坚持以新时代中国特色社会主义外交思想为指导努力开创中国特色大国外交新局面》，《紫光阁》2018 年第 7 期。

有维护党中央权威，将对外工作集中统一在党中央的领导下，才能锐意进取，不断开创中国特色大国外交新局面。党中央对外事工作集中统一领导的优势在于目标明确。有了党的统一领导，对外工作就有了奋斗目标。当今世界正处于大发展大变革大调整时期，面对复杂的国际局势，党的集中统一领导能确保外事工作始终围绕实现“两个一百年”奋斗目标和实现中华民族伟大复兴的中国梦，不偏离道路。党中央对外事工作集中统一领导的优势还在于有利于集中力量办大事。在党的领导下，发挥社会主义制度优势，将举国力量集中在党中央确定的外事方向上，从全局高度集中调度、合理配置各地资源，有目标、有步骤地推进对外工作向前发展。以人民为中心发展新时代中国特色社会主义外交思想，不断进行理论和实践创新，面对前进道路上的风险挑战，未雨绸缪，抓住时代机遇，屹立于世界民族之林。

二是坚持以实现中华民族伟大复兴为使命推进中国特色大国外交。实现民族复兴是新时代赋予对外工作的历史使命。一方面，中国特色大国外交要为实现中华民族伟大复兴的中国梦提供动力。当前中国经济进入新常态，改革进入深水区，供给侧结构性改革深入开展，经济增长方式由规模速度型向质量效率型转变。必须要在推进中国特色大国外交的进程中对外部资源“引进来”，为中国进一步学习、引进先进技术和管理方式提供有利条件，为能源资源的获取提供多样化来源和可靠安全通道。此外，降低企业杠杆率、化解过剩产能任务繁重，亟须通过经济外交参与全球资源配置，拉动国内市场去虚还实、推动优质产能和实用技术“走出去”，为国内发展提供足够空间和动力。

另一方面，中国特色大国外交要为实现中华民族伟大复兴的中国梦塑造良好的国际环境和舆论环境。习近平总书记提出，要争取世界各国对中国梦的理解和支持，中国梦是和平、发展、合作、共赢的梦，我们追求的是中国人民的福祉，也是各国人民共同的福祉。要坚决维护领土主权和海洋权益，维护国家统一，妥善处理好领土岛屿争端问题。要维护发展机遇和发展空间，通过广泛开展经贸技术互利合作，努力形成深度交融的互利合作网络。要在坚持不结盟原则的前提下广交朋友，形成遍布全球的伙伴关系网络。要提升我国软实力，讲好中国故事，做好对外宣传，为国际社会客观认识中国的发展创造良好的舆论氛围。[①]

三是坚持以维护世界和平、促进共同发展为宗旨推动构建人类命运共同体。维护世界和平、促进共同发展是中国外交政策的宗旨。党的十九大报告强调：“中国将高举和平、发展、合作、共赢的旗帜，恪守维护世界和平、促进共同发展的外交政策宗旨，坚定不移在和平共处五项原则基础上发展同各国的友好合作，推动建设相互尊重、公平正义、合作共赢的新型国际关系。”“维护世界和平”要反对霸权主义和强权政治。要相互尊重、平等协商，坚决摒弃冷战思维和强权政治，走对话而不对抗、结伴而不结盟的国与国交往新路。要坚持以对话解决争端、以协商化解分歧，统筹应对传统和非传统安全威胁，反对一切形式的恐怖主义。“促进共同发展”要坚持开放合作和互利共赢。要同舟共

① 《习近平谈治国理政》第 2 卷，外文出版社 2017 年版，第 444 页。

济，促进贸易和投资自由化便利化，推动经济全球化朝着更加开放、包容、普惠、平衡、共赢的方向发展。要坚持环境友好，合作应对气候变化，保护好人类赖以生存的地球家园。

进入新时代，人类面临许多共同挑战：冷战思维、强权政治、单边主义、保护主义等阴霾不散；地区动荡、恐怖主义、气候变化、难民潮等风险挑战层出不穷；经济金融和发展鸿沟问题日益突出；世界范围内安全挑战更加复杂严峻。没有哪个国家能够独自应对人类面临的各种挑战，也没有哪个国家能够退回到自我封闭的孤岛。因此中国呼吁，各国人民应同心协力，构建人类命运共同体，建设持久和平、普遍安全、共同繁荣、开放包容、清洁美丽的世界。要以维护世界和平、促进共同发展为宗旨，高举中国特色大国外交这面旗帜，引领人类前进方向，推动人类命运共同体建设，共同创造人类的美好未来。

四是坚持以中国特色社会主义为根本增强战略自信。中国特色社会主义是马克思主义中国化的最主要成果，是中国共产党在长期革命和建设过程中的宝贵经验总结，是中国共产党人始终坚持的理想信念。中国特色社会主义的道路、理论、制度和文化，让世界认识到，要实现国家富强，不是只有奉行新自由主义一条道路，开拓了发展中国家走向现代化的途径，为人类进步贡献了中国智慧和中国方案。对中国特色社会主义的道路自信、理论自信、制度自信和文化自信是新时代中国特色社会主义外交思想的力量之源和信念之基，代表了新时代中国的国家意志、民族精神和国际形象。

中国特色社会主义给习近平新时代中国特色社会主义外交思想打上了深刻烙印。一方面，我们坚持中国特色社会主义，牢固树立“四个自信”，珍惜来之不易的发展成果；另一方面，我们提出“新型大国关系”“全球伙伴关系”“一带一路”建设、“人类命运共同体”等外交理念，增强战略自信，提升新兴经济体和发展中国家的话语权。在世界格局大变动的今天，我们应毫不动摇地走中国特色社会主义道路，认清自身的优势和地位，增强战略自信，推动中国特色大国外交走得更远、更好。

五是坚持以共商共建共享为原则推动“一带一路”建设。“共商”倡导平等对待、相互尊重、集思广益，兼顾各方利益和关切，把事情办好。“一带一路”是国际经济合作倡议，目的是促进各国的政策沟通、设施联通、贸易畅通、资金融通、民心相通。无论是规划合作蓝图还是实施具体项目，都坚持公开透明，由参与方商量着办，充分照顾大家的合理关切和舒适度。[①] “一带一路”不是静态的、一成不变的，而是要协调好多元合作主体的利益，牢牢抓住发展这一最大公约数，求同存异，在共商基础上走出一条互利共赢之路。

“共建”坚持开放包容、各施所长、各尽所能，在建设过程中促进各国经济合作，实现优势互补和共同发展。“一带一路”建设发扬丝路精神，版权虽然属于中国，但对所有国家开放。需要各国打造合作平台，共同应对全球性挑战；需要激发和调动每

---

① 刘晓明：《共商共建共享是“一带一路”的“黄金法则”》，《每日电讯报》（英国）2018年3月26日。

个参与者的主动性，共同推进“一带一路”建设。这一过程本身就是开放包容的，不会强加于人，不搞一家独大，不排斥或针对任何国家。各国携手挖掘经济增长动力，共同开辟经济发展机遇，也为“一带一路”合作注入了强劲动力。

“共享”实现合作共赢、互信互利、共同繁荣，让成果更多更公平惠及各国人民。“一带一路”建设的所有成果归根结底要造福各国人民，让每一名普通人真切感受到获得感，实现国强民富。合作共赢自古就是中国人的处世哲学，“一带一路”建设让全世界共享中国经济发展的红利。过去五年来，中国与“一带一路”沿线国家合作共赢的例子不胜枚举。今天，中国改革开放已经走过40多年，中国改革的步伐会越走越实，开放的大门会越开越大。中国将以“一带一路”建设为契机，以共商共建共享为原则，继续推动构建普惠共赢的经济全球化和开放包容的大国外交。

六是坚持以相互尊重、合作共赢为基础走和平发展道路。和平需要相互尊重，发展需要合作共赢。走和平发展道路，就是要坚定不移地贯彻互相尊重主权和领土完整、互不侵犯、互不干涉内政、平等互利、和平共处五项原则，始终不渝地奉行平等互利、优势互补、真诚相待、合作共赢、共同繁荣的开放战略。没有以相互尊重为基础的和平，中国和世界都不可能顺利发展；没有以合作共赢为基础的发展，中国和世界也不可能有持久和平。只有坚持走和平发展道路，只有同世界各国一道维护世界和平，中国才能实现自己的目标，才能为世界作出更大贡献。[①]

---

① 《习近平总书记系列重要讲话读本》，学习出版社、人民出版社2016年版，第263页。

中国走和平发展道路，源于中华民族追求和平、和睦、和谐的深厚文化渊源。自古以来，中华民族就积极对外交往通商，而不是对外侵略扩张；执着于保家卫国的爱国主义，而不是开疆拓土的殖民主义。中华民族曾遭到列强长期侵略和欺凌，但中国人民从中学到的不是弱肉强食的强盗逻辑，而是更加坚定了维护和平的决心。中国人民抗日战争和世界反法西斯战争的胜利给我们留下的最宝贵启示，就是必须毫不动摇走和平发展道路。

中国坚持走和平发展道路，既积极争取和平的国际环境发展自己，又以自身发展促进世界和平；既让中国更好利用世界的机遇，又让世界更好分享中国的机遇，促进中国和世界各国良性互动、互利共赢，对中国有利，对亚洲有利，对世界有利。

七是坚持以深化外交布局为依托打造全球伙伴关系。进入新时代，中国与世界的关系日益紧密。国内国际两个大局频繁互动，国内国际两类因素相互影响，国际国内两种局势互相关联。随着中国的综合实力不断增强、国际地位不断提升、国家利益不断延伸，这种关联面会更广、关联度会更深。新的历史起点呼唤新的外交布局。

习近平总书记在党的十九大报告中指出，“中国积极发展全球伙伴关系，扩大同各国的利益交汇点”[①]，为新时代中国特色

① 《决胜全面建成小康社会　夺取新时代中国特色社会主义伟大胜利——在中国共产党第十九次全国代表大会上的报告》，人民出版社 2017 年版，第 59 页。

大国外交的战略布局指明了方向。我们要以推进大国协调与合作构建总体稳定、均衡发展的大国关系框架，按照亲诚惠容理念和与邻为善、以邻为伴周边外交方针加强同周边国家睦邻友好关系，秉持正确义利观和真实亲诚理念增进与发展中国家团结合作，积极做好多边外交工作，不断深化和完善外交布局。打造全方位、多层次、立体化的全球伙伴关系网络，形成遍布全球的"朋友圈"。

八是坚持以公平正义为理念引领全球治理体系改革。全球治理应"天下为公"，全球治理体系改革的目的是更好地反映国际格局的变化，更加平衡地表达大多数国家特别是新兴市场国家和发展中国家的意愿。以公平正义为理念就是要坚定维护以联合国宪章宗旨和原则为核心的国际秩序和国际体系，积极维护开放型世界经济体制，提高国际法在全球治理中的地位和作用，推动建设和完善区域合作机制。① 尊重各国人民自主选择发展道路和社会制度的权利，反对把自己的意志强加于人，反对干涉别国内政，反对动辄诉诸武力或以武力相威胁，呼吁通过对话协商以和平方式解决国家间的分歧和争端。坚持国际关系民主化，坚持国家不分大小、强弱、贫富都是国际社会平等成员，坚持世界的命运必须由各国人民共同掌握，维护国际公平正义。

中国是现行国际体系的参与者、建设者、贡献者，也是全球治理体系改革的引领者。在引领全球治理体系改革的进程中，中国从呼吁各方树立共同、综合、合作、可持续的安全观到公平、

① 《习近平总书记系列重要讲话读本》，学习出版社、人民出版社 2016 年版，第 275 页。

开放、全面、创新的新发展观，从以平等为基础、以开放为导向、以合作为动力、以共享为目标的全球经济治理观到建立多边、民主、透明的国际互联网治理体系的网络治理观，努力为完善全球治理体系贡献中国智慧和中国力量。

九是坚持以国家核心利益为底线维护国家主权、安全、发展利益。国家的核心利益关系到一个国家的主权和政权的稳固，确保国家核心利益不受损害是中国特色大国外交的重要遵循和依归。习近平总书记指出："我们要坚持走和平发展道路，但决不能放弃我们的正当权益，决不能牺牲国家核心利益。任何外国不要指望我们会拿自己的核心利益做交易，不要指望我们会吞下损害我国主权、安全、发展利益的苦果。"① 在涉及国家核心利益的问题上，中国敢于划出红线，亮明底线。

维护国家主权、安全和发展利益，要以国家核心利益为底线，这是新时代中国外交必须承担的责任和面对的问题。要坚决遏制"台独""藏独""东突"等分裂势力的破坏活动，维护自身的领土主权和正当合理的海洋权益；要防范国际暴力恐怖活动向境内渗透，维护国家安全；要妥善处理同有关国家的分歧和摩擦，同时推动各领域交流合作，通过合作扩大共同利益的汇合点，维护国家发展利益和地区和平稳定大局。随着我国综合国力的不断提升，维护国家主权、安全和发展利益的地位越来越主动，手段和资源也会越来越多。

十是坚持以对外工作优良传统和时代特征相结合为方向塑造

---

① 《习近平总书记系列重要讲话读本》，学习出版社、人民出版社 2016 年版，第 272 页。

中国外交独特风范。这是中国外交的精神标识，凸显了党的外交思想对中华优秀传统文化的传承和对现代化的不懈追求。[①] 新中国成立以来，中国形成了以独立自主、和平发展、合作共赢为特征的优秀外交传统，具有鲜明的中国特色、中国风格和中国气派。

总之，在习近平新时代中国特色社会主义外交思想的指导下，中国特色大国外交呈现出与时俱进、奋发有为、开拓进取的崭新风貌，形成了一整套行之有效的战略思想和策略方法，形成了坚持独立自主和对外开放相统一，积极参与全球治理，为构建人类命运共同体不断作出贡献的显著优势。

第三节　坚持和完善中国特色大国外交制度推动构建人类命运共同体

以习近平新时代中国特色社会主义外交思想为指导，构建人类命运共同体，是新时代我国对外工作的重要目标。党的十九届四中全会对“坚持和完善独立自主的和平外交政策，推动构建人类命运共同体”作出了全面部署。

第一，健全党对外事工作领导体制机制。坚持外交大权在党中央，加强中国特色大国外交理论建设，全面贯彻党中央外交大政方针和战略部署。对外工作体制机制改革是推进国家治理体系

① 杨洁篪：《以习近平外交思想为指导深入推进新时代对外工作》，《求是》2018 年第 15 期。

和治理能力现代化的内在要求。要深入推进涉外体制机制建设，统筹协调党、人大、政府、政协、军队、地方、人民团体等的对外交往；实现各部门、地方根据职责分工，发挥主动性创造性，加强分工协作、相互配合，不折不扣贯彻落实党中央对外大政方针和决策部署。形成党总揽全局、协调各方的对外工作大协同格局。加强涉外法治工作，建立涉外工作法务制度，加强国际法研究和运用，提高涉外工作法治化水平。

第二，完善全方位外交布局。坚定不移走和平发展道路，坚持在和平共处五项原则基础上全面发展同各国的友好合作，坚持国家不分大小、强弱、贫富一律平等，推动建设相互尊重、公平正义、合作共赢的新型国际关系，积极发展全球伙伴关系，维护全球战略稳定，反对一切形式的霸权主义和强权政治。既要运筹好大国关系，打造中美合作伙伴关系利益新格局，推动中俄全面战略协作伙伴关系迈上新台阶，把握中欧全面战略伙伴关系发展新机遇；又要做好周边外交工作，坚持与邻为善、以邻为伴，坚持睦邻、安邻、富邻，突出体现亲、诚、惠、容的理念，同东北亚、东南亚和中亚国家不断增进互信、巩固友好、加强合作，共同打造周边命运共同体；还要深化同发展中国家团结合作，做到义利兼顾，以义为先，把我国发展与广大发展中国家共同发展紧密联系起来，将中非、中拉和中阿关系不断推向新的高度。坚持通过对话协商、以和平手段解决国际争端和热点难点问题，反对动辄使用武力或以武力相威胁。坚持奉行防御性的国防政策，永远不称霸，永远不搞扩张，永远做维护世界和平的坚定力量。

第三，推进合作共赢的开放体系建设。这是一个万国融通、殊方共享的时代，中国需要对世界开放，世界也需要对中国开放。要坚持互利共赢的开放战略，推动共建“一带一路”高质量发展，维护完善多边贸易体制，推动贸易和投资自由化便利化，推动构建面向全球的高标准自由贸易区网络，支持广大发展中国家提高自主发展能力，推动解决全球发展失衡、数字鸿沟等问题，推动建设开放型世界经济。与此同时，着力健全对外开放安全保障体系。构建海外利益保护和风险预警防范体系，完善领事保护工作机制，维护海外同胞安全和正当权益，保障重大项目和人员机构安全。

第四，积极参与全球治理体系改革和建设。高举构建人类命运共同体旗帜，秉持共商共建共享的全球治理观，倡导多边主义和国际关系民主化，推动全球经济治理机制变革。推动在共同但有区别的责任、公平、各自能力等原则基础上开展应对气候变化国际合作。维护联合国在全球治理中的核心地位，支持上海合作组织、金砖国家、二十国集团等平台机制化建设，推动构建更加公正合理的国际治理体系。

这些部署，统筹国内国际两个大局，高举和平、发展、合作、共赢旗帜，坚定不移维护国家主权、安全、发展利益，坚定不移维护世界和平、促进共同发展，必然能够切实为“中国梦”的实现构筑有利的外部环境；也必然为完善全球治理，推动国际秩序和全球治理体系朝着更加公正合理方向发展做出更大贡献。

中国的发展离不开世界，世界的繁荣也需要中国。今日之中国，不仅是中国之中国，而且是亚洲之中国、世界之中国。未来之中国，必将以更加开放包容的姿态拥抱世界，同世界形成更加良性的互动，带来更加进步和繁荣的中国和世界。

后　记

制度是国家之基、社会之规、治理之据，是国家治理体系和治理能力现代化的基本前提、根本保障和重要任务。党的十九届四中全会审议通过的《中共中央关于坚持和完善中国特色社会主义制度、推进国家治理体系和治理能力现代化若干重大问题的决定》，全面总结了中国特色社会主义制度建设的历史性成就，集中概括了中国特色社会主义制度和国家治理体系的 13 个显著优势，系统描绘出中国特色社会主义的制度谱系，是马克思主义的纲领性文献，为推进新时代我国国家制度和国家治理体系建设提供科学指南，为新时代坚持和发展中国特色社会主义提供坚强制度保证，为坚定中国特色社会主义制度自信提供基本依据，为新时代改革开放提供基本遵循，为推进全面从严治党、加强党的建设提供制度保障。

新中国成立以来，中国共产党领导中国人民不断探索实践，逐步形成了中国特色社会主义制度，为当代中国发展进步提供了制度遵循。改革开放以来特别是党的十八大以来，党和国家事业取得历史性成就、发生历史性变革，国家制度和国家治理体系提供了坚强保障和支撑。实践证明，中国特色社会主义制度和国家治理体系具有强大生命力和巨大优越性，是我们创造经济快速发展和社会长期稳定“两大奇迹”的制胜法宝，是能够持续推动拥有近14亿人口大国进步和发展、确保拥有五千多年文明史的中华民族实现“两个一百年”奋斗目标进而实现伟大复兴的制度和治理体系。

13个方面的显著优势中，既有经济、政治、文化、社会建设等根本制度、基本制度或重要制度上的优势，又有理论、信仰等指导思想上的优势，还有组织领导、用人机制和对外政策等保障性制度上的优势，这些优势是基于新中国成立以来社会主义实践经验的总结和实践规律的升华，充分体现了中国共产党实事求是的精神和高度的理论自觉与自信。这一概括的重要意义在于：一方面，它为我们从理论上深刻认识什么是中国特色社会主义制度提供了正确指引，有助于凝聚制度共识，增强制度自信，也为更好地坚持和完善国家制度和国家治理体系指明了方向；另一方面，中国特色社会主义制度对世界上其他社会主义国家也有一定借鉴作用，中国的发展证明，社会主义并没有定于一尊、一成不变的模式，只有把科学社会主义基本原则同本国具体实际、历史文化传统、时代要求紧密结合起来，在实践中不断探索总结规律，才能把蓝图变为美好现实。

中国特色社会主义制度是一个相互衔接、支撑有力、运行有效的制度体系，具有较强的理论性、实践性、整体性和关联性。为了帮助读者全面、系统掌握中国特色社会主义制度的显著优势，我们组织编写了本书。中共中央党校（国家行政学院）分管日常工作的副校（院）长何毅亭、副校（院）长甄占民分别发表在《人民日报》《光明日报》上的相关文章，收在本书卷首作为“代序”。所有参与本书编写的作者均来自中共中央党校（国家行政学院），由张占斌主编，其中杜庆昊、卢瑞瑞协助主编承担了统稿工作。中共中央党校出版社任丽娜老师为本书的顺利出版提供了支持，在此一并表示感谢。

中国特色社会主义制度研究是一项系统性重大工程，历史维度深，空间维度广，很难在一本书中完全研究透彻并全景呈现。同时，限于作者水平，书中也难免有一些不妥之处。敬请广大读者批评指正。

编 者

2020 年 1 月